천하무적
1등 부동산

# 천하무적 1등 부동산

노창희 지음

두드림미디어

# 들어가는 글

로버트 풀검(Robert Fulghum)의 《내가 정말 알아야 할 모든 것은 유치원에서 배웠다》라는 책 제목을 한 번쯤 들어본 사람이 많을 것이다. 유치원에서 선생님이 아이들에게 가르치는 것은 '미적분'일까? '물리학'일까? 아니다. 한 명의 사람으로서 마땅히 알아야 할, '함께 사는 방법'일 것이다.

'( )답다'는 것은 무엇일까?
'나는 ( )다워야 하는 것일까?'

사람이 사람으로서 반드시 배워야 할 가장 기본적인 것, 그 기본 중의 기본을 유치원에서는 가르친다. 나는 유치원에서 가르치는 것들이 정말 중요하다고 믿는다. 그것이야말로 '한 인간의 완성도'를 좌우한다고 생각하기 때문이다.

세상을 살아가는 데 기본이 되는 인성, 다른 사람과 살아가기 위한 연습과 규칙, 올바른 습관 기르기, 기본적인 건강 챙기기 등 아주 뻔하고 기본적이고 쉬운 것들이다. 가정 교육 차원으로도 매우 중요한 항목들이다. 특히, 착하게 살기 같은 것들 말이다. 착하게 산다는 것은 굉장히 많은 의미를 내포하고 있다.

나는 이 책을 쓰기 전에 5권의 책을 냈다. 1권의 공저와 4권의 단독으로 쓴 책이다. 이 책에서 나는 부동산 중개법인을 창업하거나 운영하는 사장의 기본에 관해 이야기하고 싶다. 거창하게 '사장학'을 말하려는 것은 아니다. 다만, 부동산 회사(중개법인, 공인중개사)를 창업 후, 지역에서 빠르게 자리를 잡고 1등 회사가 될 수 있는 방법을 전하고자 한다.

평생 영업 사원(LMer, 에이전트, 공인중개사 등)으로 살아오면서 한 몸처럼 따라다녔던 수식어가 세일즈 코치, 중개업 창업 컨설턴트였다. 부동산 중개나 컨설팅(임대 대행, 빌딩 매매 등) 업무를 시작하려는 초보 영업 사원과 실력 있는 경력 영업 사원이 본인의 회사를 창업해 부동산 회사 사장이 되려고 할 때, 나는 그들을 코칭하고 컨설팅하는 일을 병행해왔다.

최근 몇 년 동안 단독으로 쓴 4권의 책을 설명해보자면, 먼저 빌딩을 잘 사는 방법과 잘 관리하는 법에 대해서 쓴 포르체 출판사의 《나는 꼬마 빌딩 월세로 연봉을 번다》가 있다. 타깃 구독자는 건물주 및 건물주가 되고 싶어 하는 예비 건물주다.

이 책은 내가 〈조선일보〉 땅집고를 비롯해 다양한 교육 기관, 언론사, 대학원 등에서 오랜 기간 강의해온 주제인 건물을 잘 사고 잘 관리하는 방법에 관해서 쓴 중소빌딩 자산관리 매뉴얼과 같은 책이다. 내가 세종대학교 도시부동산 대학원에서 석사과정을 다닐 때, 작성한 논문의 주제도 빌딩 자산관리였으니, 나는 내가 한 일을 학업에 연결하고 학교에서 연구한 주제로 일을 업그레이드한 셈이다.

자기계발서로 《왜 망설이는가?》를 두드림미디어에서 내주셨다. 내가 존경하는 일본 교세라 설립자인 고 이나모리 가즈오(稻盛和夫) 회장님께서 늘 강조하시는 최선을 다하는 삶에 관해서 쓴 책이다. 2023년 말 지인들과 이나모리 가즈오 회장님의 《왜 일하는가?》 등을 비롯한 이나모리 가즈오 회장님 책을 주제로 진행했던 독서 토론회에서 영향을 받아 독서 토론회를 진행하는 두 달 동안 틈틈이 쓴 원고를 《왜 망설이는가?》로 출간하게 되었다. 그러고 보면, 나는 '도랑 치고 가재 잡는' 성격이 맞다. 무언가를 하는 김에 다른 것도 같이 하는 그런 성격인 셈이다. 효율성을 철저히 추구하는 스타일이다.

같은 출판사에서 출간된 책으로 《공인중개사 창업·취업 완벽 가이드북 (연봉 1억 초보 공인중개사는 이렇게 시작했다 – Perfect Realtor)》이 있다. 이 책은 내가 신입 공인중개사들에게 평생 가르쳐온 신입 교육 내용을 엮은 책이라 더욱 의미가 있다. 원고를 집필하는 과정에서 억지로라도 책을 완성시키기 위해 공인중개사 대표 학원인 에듀윌 부동산 아카데미에서 '공인중개사 예비 창업자'를 위해 두 달간 강의를 하기도 했다.

두 달간의 강의 진행을 위해 어차피 교안·교재를 만들고 정리해야 했기 때문에 책 집필과 일정 관리를 병행하는 것은 무척 효율적이었다. 현재 이 책은 우리 회사의 신입 직원 교재로 잘 사용되고 있으며, 부동산 중개를 업으로 하려는 분들에게 큰 도움이 될 것이라고 강하게 믿고 있다. 목차도 1장, 2장… 이런 식으로 만들지 않고 1주 차(Week 1)처럼 표기해서 이 책을 바탕으로 두 달이라는 시간상 Limit(제한)를 걸고 창업 준비를 할 것을 주문했다. 창업하는 데 2개월로는 부족할 수도 있지만, 너무 긴 시간이 아니라 창업 준비의 한계를 걸어두고 시작하라고 강조하고 싶었다.

마지막으로, 국일증권경제연구소에서 내주신 《연봉 10억 공인중개사의 영업 비밀》이 있다. 내 책의 공통점은 모두 '공인중개사'를 필두로 '무언가를 판매하는 세일즈맨'의 매출 증대를 위한 영업 노하우 전수와 영업맨들이 매일 겪는 거절의 파도를 극복하고 앞으로 전진하기 위한 멘탈 코칭이 주를 이룬다. 책의 내용은 나 자신의 영업 실적과 내가 코칭을 해 성과를 낸 후배 영업맨들의 성공 사례에 기초를 두고 있다. 이 책은 기회가 되면 일본어로 번역해 일본에서 판매하고 싶다. 2027~2028년 즈음 그런 기회가 올지는 모르겠지만, 꼭 시도해보고 싶은 일이다. 첫 책이 서점에서 판매되던 날의 기쁨은 지금도 선명하다. 그 순간을 떠올리면 여전히 신기하고 행복하다.

나의 어떤 성공이나 내 후배나 선배들의 성공 사례 역시 몇 가지의 뻔한 과정들을 겪으면서 만들어낸 성과물들이다. 《연봉 10억 공인중개사의 영업 비밀》은 내가 〈조선일보〉 땅집고의 건축주 대학에서 빌딩 자산관리 강의를 맡았을 당시, 수강생이셨던 출판사 사장님의 도움으로 출간하게 되었다. 내 강의가 끝났을 때, 멋진 신사분이 다가오셔서 명함을 주시면서 책을 낼 생각 없냐고 물으셨고, 내가 "이미 써놓은 원고가 하나 있습니다"라고 말씀드렸더니 바로 원고를 보내라고 하셨다. 그날 밤, 강의가 끝나고 집에 11시쯤 도착해서 12시 전에 메일로 보내드렸고, 다음 날 출판사로 오라는 연락을 받았다. 그리고 그 자리에서 바로 출판 계약이 성사되었다. 어안이 벙벙했다.

이것은 내가 영업 코칭을 할 때, 신입들에게 '운'에 대해 이야기하면서 전하는 맥락과 같다. 내가 출판사 사장님을 만난 것은 '운'이 좋아서다. 그런데 써둔 원고가 없었다면 그 책은 세상에 나오지 못했을 것이다. 운이란, 무언가를 하는 사람에게만 찾아온다고 말하고 싶다.

그렇게 단독으로 쓴 첫 책이 세상에 나왔다. 서점 판매 전에 집으로 책이 배달되어 온 날은 너무나 기뻤다. 첫 책을 딸들에게 사인해서 주고 아이들도 아빠 책이 나온 것에 같이 기뻐해주었던 기억이 아직도 선하다. 이제 여섯 번째 책을 쓰고 있으니 어느새 책을 쓰는 작가라는 직업이 내 인생으로 들어와버렸다. 세 번째 책이 나온 이후부터는 나를 작가라고 불러주시는 출판사 편집자의 호칭도 듣기 좋다.

책이 나온 과정도 영업과 같다. 원고가 준비되어 있었고 타이밍이 맞았기 때문에 짧은 시간 내에 출간할 수 있었다고 생각한다. 책 출간에만 이런 타이밍이 있는 것은 아닐 것이다. 살면서 만나게 되는 많은 기회 중에 내가 가진 '무언가'와 타이밍이 맞으면 '폭죽' 터지듯이 '운'이 터진다. 다른 사람의 책에 내가 한 챕터를 쓴 일은 여러 번 있었고, 부동산 잡지나 인터넷상의 구독 서비스 플랫폼에 부동산 탐방기 같은 글들을 계속 써왔지만, 단독으로 내 이름이 표지에 적힌 책이 교보문고에 깔린 모습을 보는 것은 너무나 행복했다.

개인적으로 만족할 만한 실적이 나오면 속칭 '잘 먹고 잘살면 된다'라는 가치관을 가진 사람들이 있다. 반면, 확장성이라는 개념과 더 큰 수익 창출에 대한 포부를 가지고 '영업'이라는 단어를 확장해 '사업'으로 만들고 싶어 하는 이들도 있다. 물론, 개인으로 영업한다고 해도 사업가 마인드를 가지라고 말하지만, 사업가 마인드로 생각하라고 하는 것과 실제 사업을 하는 것은 크게 다르다. 쉽게 말해, 사업을 하게 되면 '뇌'가 쉴 틈이 없다.

내가 신입 영업 사원(공인중개사)들에게 늘 강조하면서 안심시켜주는 말이 있다. 처음 일을 시작하면 신입으로서 익힐 것들, 즉 영업을 하기 위한 기초적인 데이터, 기본 스킬을 두세 달 사이에 모두 익히고, 신입 시절 반년 정도는 인생에서 없다고 생각하며 쉴 생각조차 하지 말라는 것이다. 생각보다 자기 돈으로 사업을 시작하고도 일을 대충 하는 사람이 많다. 얼마나 많은 자영업자들이 망하는지를 일부러 확인할 필요도 없을 것이다.

독자분들의 집 주변 근린 상가만 살펴봐도, 몇 년 사이에 얼마나 많은 가게들이 폐업했는지 보일 것이다. 온통 임대 현수막이다. 불경기를 떠나서 유통의 흐름이 코로나 팬데믹 사태 이후에 급속히 변화했다. 이제 모든 유통은 우리의 손바닥(스마트폰) 안으로 들어와 버렸다. 나 역시 마트나 슈

퍼마켓에 안 간지 굉장히 오래되었다.

그래서 부동산업을 하는 사람에게는 오히려 더 큰 기회가 될 수 있다고 있다고 생각한다. 부동산 중개는 불경기나 호경기가 따로 없다. 경제가 엉망이면 매물이 넘치고, 경기가 좋으면 매수자가 넘친다. 중요한 것은, 수요와 공급 상황에 맞는 영업을 구사하는 것이다. 경기 상황과 상관없이 공인중개사는 본인이 할 일을 스스로 찾아서 시장 환경이 어떻든 '돈'을 벌어야 한다. 경기 탓을 하지 않고 자신의 길을 갈 정도가 되려면 어차피 창업 후에는 놀 시간이 없을 것이다. 제발! 창업 직후, 반년 정도는 잠자는 시간 이외는 일만 하라.

나는 28년째 부동산 비즈니스로 나 자신도 먹고살고 있고, 수많은 후배나 제자들을 가르쳐왔다. 그러다 어느 순간 이상한(?) 사명감 같은 것이 생겼다. 내가 아는 것을 누군가에게 전해야겠다는 생각이 들었다. 그리고 내가 가르친 사람들이 '정석'대로 고객에게 좋은 부동산 컨설팅과 중개 서비스를 제공함으로써 내가 평생 몸담은 '이 바닥(부동산 업계)'이 세상 사람들에게 인정받는 좋은 직업군에 들어갈 수 있도록 내가 작은 힘이나마 보태야겠다고 생각하게 되었다.

좋은 직업으로 인정받으려면 고객의 자산을 최고의 조건으로 거래시켜주는 공인중개사가 되는 것이 첫 번째 요건이겠지만, 일 자체도 '정석'으로 제대로 일해야 한다. 부동산업을 바라보는 세상의 눈이 '곱게' 바뀌는 데 내가 일조하는 여생을 살고 싶다. 공인중개사, 부동산 중개가 좋은 직업으로 인정받는 데 기여하는 삶을 살고 싶다. 그래서 부동산 일을 오로지 돈벌이에만 포커스를 맞춰서 사회에 해를 끼치는 사람들을 보면 화가 나기도 한다.

우리 집에도 예비 부동산 사업자인, 부동산을 전공하는 대학생이 한 명 있다. 그 녀석이 사회에서 부동산업을 하게 된다면, 좋은 직업이라는 인식 속에서 이 일을 했으면 좋겠다. 물론, 부동산학과를 나와서 다른 직업을 선택한다고 해도 강요하고 싶은 생각은 없다. 특별한 분야를 제외하고는 AI로 인해 많은 사람이 직업을 잃을 업종이 늘어날 것이기 때문이다. 자기가 하고 싶은 일을 해야 한다고 생각한다.

만약 내가 지금 20대라면 나는 지구인으로 부동산업을 하는 것을 넘어서 스페이스엑스(Space X)의 일론 머스크가 쏘아 올릴 화성행 로켓에 냉동 상태로 실려, 화성이나 달로 이주하는 지구인들을 위한 부동산 거래를 하고 싶다는 엉뚱한 상상을 해본다. 세상이 점점 빠르게 변화하고 있다. 언젠가는 규격화된 아파트 거래나 주택 거래, 대형 건물 거래에 이르기까지, 사람 손을 타지 않고도 거래가 이루어지는 시대가 올 것이다. 생각보다 짧은 시간이 남았을지도 모르겠다.

산길을 오르다 보면, 누군가는 밟은 흔적이 많은 길을 따라 오를 것이다. 반면 나 같은 사람은 누군가의 밟은 흔적이 없는 곳으로 일부러 가기도 한다. 물론, 어느 순간까지는 앞선 사람이 지나간 길을 따라간다. '등산 워밍업'이라고 해두자! 무작정 프런티어 정신만으로 대박을 노리다 보면 결국은 막다른 골목이 기다리기 때문이다. 선배가 있는 업종들은 이런 부분에서 유리하다. 잘하는 선배가 간 길을 따라가다가 선배를 따라잡는 순간부터는 본인이 길을 낼 수도 있기 때문이다.

다시 돌아가서 이야기를 이어가자면, 나는 부동산업이 좋은 직업으로 인식되는 데 기여하고자 하는 마음으로 책을 쓰고 있다. 지금까지 책들은 '개인'이 영업에서 우뚝 설 수 있도록 세세한 영업 노하우를 다뤘다. '공인중개사가 정말 알아야 할 것들' 위주였다. 이번 책은 영업(개인)을 확장해 사업(회사)으로 키워나갈 부동산 전문가이자 사업가를 위해 쓰려고 한다. 부동산 회사 사장의 길을 제시하는 책이라고 말하고 싶다.

세상에서 부동산 중개업 분야만 하더라도 '사장·대표'라는 직함을 가진 수많은 사람들이 폐업하고 있다. 잘 준비된 창업은 폐업을 막을 수 있는데, 여기서 말하는 '잘 준비한다'라는 것은, 실무 영업을 하는 공인중개사 입장에서는 우선 매물과 고객을 많이 확보하는 것에서 시작된다. 하지만 영업하는 공인중개사를 많이 보유해야 하는 부동산 회사 사장의 입장에서는 영업적 측면도 중요하지만, 경영적 측면의 비중도 상당히 높여서 생각해야 한다.

나만 잘하면 되는 영업 사원(공인중개사)의 입장과 중개법인(부동산 컨설팅 회사) 사장의 입장은 많이 다르다. 나 역시 회사에서 내가 고객의 건물을 채우거나 팔던 과거의 모습과 영업 사원을 리크루팅(Recruiting)하고 교육시키고 관리하고 서포트하는 지금은 매우 다르다.

그렇다면, 자기 혼자 돈 버는 차원이 아니라
창업·사업을 벌이는 이유는 무엇일까?

노골적으로 이야기하자면, '돈'을 더 벌고 싶어서다. 두 번째 이유는 넘어지지 않는 자전거를 갖고 싶어서다. '영업장'을 만드는 입장에서는 투자금도 투입해야 하고, 망할 수도 있는 리스크도 생길 수 있지만, 사업이 안정화된다는 전제하에 내가 직접 수익을 못 내는 달이라 할지라도 '조직 운영의 힘'으로 매월 수익을 만들어낼 수 있는, 이른바 '화수분(재물이 계속 나오는 보물단지로, 그 안에 온갖 물건을 담아두면 아무리 써도 줄지 않는다는 설화에서 나온 말)을 갖기 위해서다.

결국, 데코보코(凸凹, でこぼこ)가 없이 수익의 '안정성'을 유지하기 위함이다. '데코보코'는 세일즈 조직에서 자주 사용하는 일본어 단어로, 요철, 울퉁불퉁함을 나타내는 단어다. '수익이 데코보코를 탄다'는 것은 '부동산 영업'하는 사람에게는 가장 스트레스 상황이다. 매출을 잘 내는 공인중개사라고 하더라도 어떤 달은 수익이 적을 수 있고, 심지어 계약이 전혀 없어 수익은 발생하지 않을 수도 있다. 쉽게 말해, '월급 없는 달'이 생기는 것이다.

예를 들어보자, 풍족하지는 않더라도 4인 가족의 가장 입장에서 최소 월 1,000만 원의 '생활비'가 필요하다고 생각해보자. 그러면 연간 1억 2,000만 원 정도 수익이 필요하다는 계산이 나온다. 100% 인센티브제 공인중개사라면 회사와 개인 공인중개사 간에 위촉 계약을 맺었을 것이다.

회사와 공인중개사 간의 배분율은 50% : 50%부터 개인 매출 실적에 따라 고배분율까지 다양한데, 본인의 연간 배분액이 1억 2,000만 원이 되려면 매출은 2억 원은 넘어야 한다는 계산이 나온다. 영업의 세계에서 5년, 10년을 살아남은 공인중개사라면 당연히 이 수익을 능히 낼 수 있고, 더 큰 수익도 가능하다.

하지만 혼자만의 수익으로 안정적이고 우상향하는
수익 증대를 기대하기는 힘들다.

개인 역량만으로 5억 원, 10억 원, 그 이상의 큰 수익을 내는 것은 쉬운 일이 아니다. 동료가 있어야 한다. 이 동료의 의미는 중개법인 사장 입장에서 또 다른 확장성의 의미를 가진다. 즉, '요철 없는 길'을 만들어준다. 내가 벌지 못하는 달에도 소속 영업 사원들이 올리는 매출이 합쳐져 회사 운영 자금과 사장의 개인적인 생활비도 해결된다. 반대로 소속 공인중개사들 입장에서는 창업 비용을 들이지 않고도 내 사업을 시작할 수 있다는 장점이 있다.

이 경우, 해당 중개법인이 이미 브랜드가 있거나 신입 공인중개사들이 일을 배울 수 있는 체계적인 시스템까지 갖춰져 있고, 빠르게 고소득을 낼 수 있는 기회까지 제공된다면 금상첨화일 것이다.

나는 과거, 부동산 중개업을 시작하는 사람들이 빠르게 자리 잡을 수 있도록 돕는 매뉴얼 성격이 강한 책들을 여러 권 출간했다. 28년간 내가 살아온 부동산 인생에서 배우고 터득한 것들을 책으로 엮은 것이다. 나는 내가 경험한 실수를 후배들이 하지 않기를 바라고 내 성공 경험을 통해 후배들이 부동산업에서 빠르게 안착하기를 바란다. 나는 내 머릿속에 들어 있는 것은 다 퍼줘도 된다는 마인드다. 어차피 내 머릿속에서 사라지는 것이 아니다. 오히려 퍼내는 과정에서 재생산되고 업그레이드된다. 그 속에서 나는 더 큰 가르침을 스스로에게 받는 경우가 많다.

지금까지는 신입 공인중개사가 부동산 일을 배우기 시작할 때, 빠르게 우뚝 설 수 있는 방법을 다룬 책을 썼지만, 이번 책은 포커스가 다르다. 이미 '공인중개사'로서는 우뚝 선 사람의 '중개법인 창업'에 대한 이야기다. 이왕 수억 원의 돈을 투자해서 '중개법인'을 창업한다면 망하지 않는 수준이 아니라 '동네 1등 중개법인'을 만들어내면 좋겠다.

이 책 제목처럼 '천하무적 1등 부동산' 회사가 되기를 바란다.

앞서 언급한 내용처럼, 사장인 대표 공인중개사 자체가 다양한 경험(오랜 경험이 아니다. 오래 해도 엉망으로 일하는 사람도 많기 때문이다)과 타인에게 자신의 노하우를 제대로 전수할 수 있는 전파력과 친화력은 기본으로 갖추고 있어야 한다. 나는 평생, 중개법인을 오픈하는 공인중개사들이나 이런 창업자들을 창업시키는 부동산 프랜차이즈들의 흥망성쇠(興亡盛衰)를 지켜봐 왔다.

그래서 나는 이 책을 통해 '나에게 배웠다'라고 이야기하는 중개법인 사장(대표 공인중개사)이라면 빠르고 안정적인 중개법인의 대표로 지역에서 자리매김하기를 바란다. 이 책은 동네에서 1등인 '천하무적 부동산'의 사장이 되고 싶은 사람을 위해 쓴 책이다(타 업종이라도 책값의 몇만 배는 얻어갈 것이 있으리라 믿는다. 또한, 부동산을 잘 파는 사람은 '자동차, 보험, 정수기, 전화기, 학습지 등 뭐든 잘 판다. 마인드가 같다고 믿기 때문이다).

자! 그럼, '천하무적 부동산'의 사장이 되기 위한 프로젝트를 지금부터 시작해보자!
함께 달립시다! GO!

- 노창희

# CONTENTS

## Chapter 4
# 쓸모없어 보이는 예민함을 익힌다

## Chapter 5
# 작가의 이야기

# Chapter 1

## 꿈을 꾼다면
## 천하무적이 되자!

# 동네에서 대적할 경쟁자가 없는 부동산 회사

천하무적(天下無敵)이란?

말 그대로, 세상에 겨룰 만한 상대가 없다는 의미다.

흔히 사업을 하다 보면, 경쟁자(경쟁사)라는 단어가 꼭 따라다닌다. 워낙 1등이 독식하는 영업의 세계에서 살다 보니, 상품은 정해져 있고, 그 상품을 판매하는 판매자도 단 하나다. '무적'이 되어야 한다는 뜻이다. 특히, 지역 기반으로 움직이는 부동산 중개업의 세계에서는 매일 치열한 경쟁 속에서 영업을 이어간다. 내가 계약을 체결하면 수익이 창출되지만, 계약을 못 하면 수익은 0(제로)다. 물론, 주거를 위주로 영업을 하는 지역 공인중개사사무소는 옆 부동산 공인중개사사무소와 공동중개도 많이 하기 때문에 승자 독식보다는 함께 나누는 영업을 하는 경우도 많다.

다만 나는 매물과 고객 모두 한 회사의 계약(한 사람이 중개하는 것이 좋다는 의미보다 매도(임대)와 매수(임차)라는 양측의 진행 담당자가 한 회사 공인중개사였으면 좋겠다는 의미다)으로 진행되는 것이 바람직하다고 생각한다. 그래서 중개법인의 사장(대표)이라면, 소속 공인중개사들의 매물 수집과 고객 발굴을 더욱 철저히 관리하고 준비시켜 단독 계약이거나 공동 계약이라도 같은 회사 내에서 공동 프로젝트로 진행되도록 만들어야 한다.

타사와 그 고객을 상대하며 원활하게 계약을 진행하는 일은 상당한 피로감을 준다. 단순히 이해관계 속에서 오는 갈등뿐만 아니라 '생각보다 일을 이상하게 하는 부동산 회사'도 많기 때문이다. 공동중개를 하다 보면, 내가 통제하기 힘든 상황이 많다. 매물을 진행하는 담당 공인중개사가 가망 매수자가 누구인지 정확히 알고 중개를 하는 것과 누군지도 모르는 상황에서 하는 것은 전혀 다르다. 상대방 부동산 공인중개사의 말만 듣고 내 고객을 설득하기는 쉽지 않다. 상대방의 매수 목적, 자금 사정 등을 제대로 모르는 상황에서 내 패를 다 보여주기는 어렵기 때문이다.

당신은 자신만의 세일즈가 아닌 팀워크(Team Work) 기반으로 세일즈를 하는 부동산 사장의 길을 택했다. 이 책은 이미 부동산 사장·대표이거나 팀원을 운영 중인 팀장이 읽으면 더욱 효과적일 것이다. 현재 개별 공인중개사, 에이전트, 컨설턴트로서 열심히 영업하고 있는 영업맨들도 이 책을 통해 미래의 자기 회사를 만들어나갈 아이디어를 얻을 수 있기를 기대한다.

큰 아파트 단지의 단지 상가를 가보면 1층에 공인중개사사무실이 있는 곳이 한두 군데가 아니다. 재미있는 점은, 같은 단지에서 일하는 동종의 부동산 공인중개사사무소들은 절대 친구가 되지 못한다는 것이다(나는 친구가 될 수 있다고 믿지만). 특히 강남 3구를 중심으로 아파트 매매가가 높은 지역은 더욱 경쟁이 치열하다. 아직 전속 중개 문화가 자리 잡지 못한 한국의 부동산 시장에서, 30억 원짜리 아파트를 매도하는 집주인은 동네 여러 공인중개사에 동시에 매물을 의뢰한다. 매수자 역시 마찬가지다. 똑같은 집을 여러 공인중개사를 통해서 보고 계약하는 일은 흔하다. 우스갯소리로, 혼자 사무실을 지키고 있을 때는 화장실도 못 간다고 이야기하는 지인도 있고, 옆 사무실이 퇴근을 안 하면 9시가 넘어도 집에 못 간다고 한다. 내가 살아오면서 겪은 경쟁과는 종류가 다른 경쟁 구도다.

나도 주택을 취급하는 공인중개사라면 그럴지도 모르겠다. 물론, 나는 다른 방법을 생각해서 나만의 동네 1등이 되기 위한 시스템을 만들었을 것이다. 이 책은 내가 취급하는 부동산과 지역에 맞춰 나만의 중개법인 시스템을 만들기 위한 마인드 셋업(Mind Set-up) 매뉴얼이다. 중개법인 대표들의 대형화와 안정적인 사업 운영을 위해 도움이 될 것이다.

공인중개사는 2등이 없는 직업이다.
그렇다면, 어떻게 천하무적이 될 수 있을까?
답은 압도적인 우위를 점하는 것이다.

지역 내 정보, 매물의 숫자, 상품성이 높은 전속 매물, 누적된 가망 고객 수 등을 파악해야 한다. 이는 하루아침에 이룰 수 있는 '압도적 힘'은 아닐 것이다. 그러나 시간이 오래되었다고 해서 저절로 만들어지는 힘도 아니다. 빠르게 안착하고 제대로 셋업(나만의 중개법인으로 만들어내기)하기 위해 당신은 이 책을 읽고 있다고 생각하고, 나 역시 그러길 바라면서 이 책을 쓰고 있다. 나는 무라카미 하루키(村上春樹)와 같은 '작가'라는 단어로 불리고 싶어서 책을 쓰는 것이 아니다. 책을 팔아서 큰돈을 버는 것도 아니다. 나는 부동산 세계가 좋아지기를 바라는 사명감으로 이 책을 낸다는 것을 밝히고 싶다.

체계적인 사업 계획과 이를 이루기 위한 액션 플랜(Action Plan)을 만들고 실행하면, 이 압도적인 힘은 만들어낼 수 있다. 자, 그럼 이 압도적 힘을 만들어나가는 이야기를 함께 해보자! 우선, 정량적(숫자적) 목표를 더욱 강하게 세워줄 첫 단계로, 각자의 꿈을 이야기해보자! '어떻게'라는 이야기를 하기 전에, 우리는 '왜'라는 질문에서 출발해야 한다. 우리는 '왜! 살아가는가?' 이유 없이 어떤 길을 떠나면, 그 길 위에서 맞닥뜨릴 예측 불가능한 상황들을 끝내 이겨내지 못한다. 꿈이라는 것은 손에 잡히지는 않지만, 멋있어 보이는 이 단어를 일단 마음속에서 굴리고 또 굴려본다.

나는 무엇을 원하는가?
무엇을 꿈꾸는가?

일론 머스크(Elon Musk)처럼 '인류를 화성으로 이주시키는 것'과 같은 어마무시한 꿈이 아니면 어떤가? 거창함보다는 손에 잡힐 듯 말 듯하게 눈

앞에 보이는 꿈을 떠올려보는 것으로 충분하다. 예를 들어, '앞으로 5년 이내에 가족과 함께 살 멋진 2층 단독주택을 짓겠다' 또는 '서울에 내 건물을 사겠다' 같은 다소 유치하지만, 열심히 하면 할 수 있음 직한 노골적이고 직관적인 돈 욕심을 '꿈'이라고 포장해서 내놓아도 나쁘지 않을 것이다.

어떤 행복학 학자는 "행복의 90%는 대부분 돈으로 해결된다"라고 이야기했다. '인간 행복의 90%는 대부분 돈으로 해결된다'라고 말이다. 사실 크게 틀린 말도 아닌 것 같다. 사람이나 가족 간의 다툼도 속을 들여다보면 '돈'이 이유인 경우가 많다. '곳간에서 인심 난다'고 하지 않던가!

'수신제가 치국평천하(修身齊家 治國平天下)'라는 말이 있다. '심신(心身)'을 닦고 집안을 정제(整齊)한 다음 나라를 다스리고 천하(天下)를 평정(平定)한다'라는 뜻이다. 나는 이 성인의 말씀을 이렇게 표현하고 싶다.

꿈을 세우고 이를 이룰 계획을 마음에 새긴 다음, 굴하지 않고 정진해서 결국 이루어낸다. 꿈을 세우는 것은 우리가 도착할 목적지를 미리 입력하는 내비게이션상의 '목적지 입력'과도 같다. 아무리 열심히 운전하고 돌아다녀도 목적지 없는 드라이브는 시간 낭비일 것이다. 물론, 운전은 많이 늘겠지만, 우리가 지금 이야기하는 '천하무적'이 되자고 하는 취지에는 맞지 않는다.

당신의 창업이 성공적으로 이뤄지기 위해, 당신의 부동산 회사가 지역의 1등 부동산이 될 수 있기를 바란다.

당신의 꿈은 무엇인가?

공인중개사라는 직업을 통해서 이루고자 하는 것은 무엇인가?

지금은 왜 부동산 회사(중개법인)의 사장이 되려고 하는가?

왜, 지금 하는 일을 선택했는가? 당신이 선택한 직업에서 꿈을 실현하기 위해 '어떻게' 해나갈 것인지에 대해 이야기해보자. 나와 같은 직업이 아니더라도, 이 책에서 얻은 인사이트가 여러분의 꿈을 이루는 방법과 일반적인 부동산 투자 아이디어로 이어지기를 바란다.

나는 신입 공인중개사가 입사하면 교육 첫날, 항상 "꿈이 무엇이냐?"고 묻는다. 생각보다 사람은 자신이 무엇을 하고 싶은지 모르고 그냥 사는 경우가 많다. 살아간다는 것이 단지 '죽을 때까지 밥 먹기 위한 것은 아니라는 것'에는 누구나 공감할 것이다. 이 공감 위에서 우리 함께 '무언가' 한 가지를 얹어보자.

어떤 일을 시작할 때, 그냥 "돈을 벌기 위해서"라고 이야기하지 않고 '그럴듯한 명분' 하나 만들어서 시작하면 더 좋지 않겠는가? 거창하게 비전(Vision) 같은 단어까지 쓰지 않더라도 말이다.

전쟁에서 장군이 깃발을 세우듯, 회사의 사장은 자신이 세운 비전과 '왜, 어떻게 사업할 것인지'를 세상에 보여주어야 인재가 모인다.

개인이 부동산 영업을 할 때는 영업, 마케팅만 열심히 하면 되지만 사장의 세계는 영업, 마케팅은 기본이고 깃발이 있어야 한다. 깃발을 다른 단어로 표현하면, 비전, 대의명분, 함께할 사람과의 미래상, 윤리와 도덕 개념, 사람을 대하는 마음 등일 것이다. 이를 세상에 알리고 시작해야 한다.

### 이 책에서 말하는 부동산 회사란?

중개법인, 부동산 컨설팅, 공인중개사 사무실, 분양 대행사, 경매 회사, 중소 자산관리 회사 등 어떤 업일지라도 앞으로 이야기하고자 하는 경영자로의 마인드는 크게 다르지 않을 것이라 믿으며 이야기를 이어나가 보겠다.

영업 조직을 만들고 운영해야 하는 사장, 대표, 팀장에게 이 책이 큰 도움이 되리라 믿는다. 부동산을 판매하는 사람이 제대로 된 마인드와 영업으로 큰 성과를 낼 수 있다면, 그 사람이 판매하는 상품이 무엇이든 높은 성과를 낼 수밖에 없다고 생각한다. 영업 조직의 사장이 다른 업종의 우수 영업 사원도 스카우트 대상으로 삼는 이유 중 하나이기도 하다.

# 부동산 회사의
# 생존 기술

28년을 흘러오는 시간 속에서 나는 줄곧 한 개의 직업만을 가졌다. 바로, '세일즈'다. 부동산 세일즈, 부동산 마케터, LMer(빌딩 임대 대행) 등으로 나를 표현하며 살아왔다. 여러 가지 부캐(부 캐릭터의 약자로 본업 외 부업으로 하는 직업을 일컫는 단어)로 세일즈 코치, 저자, 학원 강사 등 다양한 활동을 해 왔지만, 역시 내 직업의 근간은 부동산을 사고팔고, 채우는 일이라고 표현할 수 있다.

업계 선후배들 사이에서도 나는 평범한 인간상은 아닌 것 같다. 집요하다고 해야 할지, 멍청하다고 해야 할지, 살면서 어려운 일도 많았지만, 직업을 바꿀 생각은 하지 않고, 내 직업 안에서 잘될 방법을 끝없이 고민하고 찾으려고 노력했다. 나는 신입 공인중개사들을 교육할 때도 벽을 만나면 울지 말고 벽을 오르거나 뚫을 생각을 하라고 자주 말한다.

어떻게든 방법을 찾으라는 말이다.

벽을 만나면 울다가 직업을 바꾸는 사람들을 많이 보며 살아왔다. 그런 사람들의 대부분은 평생 마음에 드는 직업을 찾지 못한다는 특징이 있다. 반대로, 어느 정도의 성공을 거두는 사람들은 자신이 하지 않았던 일을 우연히 해야 할 때가 생기면, 원래 그 일을 하던 사람보다 금방 잘하게 되는 공통점을 목격하곤 한다. 그들은 빠르게 기술을 배우고, 흘깃흘깃 눈치껏 남의 기술을 복사(훔치는)하는 능력을 자기도 모르게 가지게 된 경우다.

나는 내가 직접적으로 거래하는 업무 외에도 부동산 일을 처음 시작하려는 공인중개사나 중개법인을 만들고 사업으로 키우려는 창업자들을 가르치고 사업이 안정권으로 들어서도록 경영 컨설팅을 평생 병행해왔다. 그래서 일을 할 때도 남들만큼만 하는 것이 아니라, 내가 좋아하고 하고 싶은 일을 하기 위해 저녁과 주말 등 남들이 노는 시간까지 활용했다. 놀이와 일의 경계를 버린 지 오래다. 그러다 보니, 영업 조직(부동산 회사)의 성공 방법에 대해 확실히 머릿속에 정립되어 있다.

영업 조직의 성공 핵심 3가지
= 리크루팅(Recruiting), 리텐션(Retention), 터미네이션(Termination)
이는 부동산 회사에도 적용된다!

영업 조직을 관리하는 대표라면 이 세 가지가 일상의 주된 업무여야 한다.

### 먼저, 리크루팅(Recruiting)이다.

단순히 영업만 하는 공인중개사와는 다르게 영업 조직의 사장, 대표, 팀장은 늘 좋은 사람을 스카우트하기 위해 안테나를 세우고 살아야 한다. 경쟁사에서 좋은 실적(Big Deal)을 성사시킨 인재가 있다는 소문이 바람을 타고 귓가에 들려오도록 늘 귀를 쫑긋 세우고 있어야 하고, 그 소문의 주인공을 만나서 '함께하자고' 제안하는 것이 일상이 되어야 한다는 말이다. 헤드헌터(Head Hunter)가 되어야 한다.

전체 인원이 100명인 영업 조직이든, 2명인 영업 조직이든 '능력자'를 새로 영입하는 것이 사업 성공의 핵심이다. 미국의 브로커(부동산 중개회사의 사장)들은 동일 영업권의 타사 우수 공인중개사들에게 끊이없이 스카우트 제안을 한다. 좋은 영업 사원이 많은 영업 조직이, 결국 고객에게도 가장 좋은 부동산 중개 거래를 만들어주기 때문이다.

그런 인재야말로, '진인사대천명(盡人事待天命)'을 실현해줄 사람이다. 존경하는 이나모리 가즈오 회장님 말씀에 '신께는 빌어봤나'라는 표현이 있다. '진인사대천명'과 일맥상통하는 말이다. '사람이 할 수 있는 일을 다 해보고 신에게 빌라'는 것으로, 더 이상 할 것이 없을 정도로 모든 방법을 다해 노력하는 인재 한 명은 수십 명, 수백 명에 좋은 영향력을 전파해 흥하게 만들고 부정적이고 나쁜 인성의 한 명이 조직 전체를 망하게도 만든다. 사람이 모여서 무언가를 생산해내는 조직에서는 사람이 회사의 가장 큰 자원이다.

나는 28년 넘게 영업 사원으로 일하면서 이해하기 힘든 이상한 사람들도 굉장히 많이 만났다. 좋은 인재를 회사에 합류시키는 것이 '사장의 길'이다. '사람은 고쳐서 쓰는 게 아니다'라는 말이 있듯이 사람은 변하지 않는다. 당신이 누군가를 좋은 방향으로 변화시킬 수 있다는 말도 안 되는 생각은 일단 버리고 채용을 시작하라고 말하고 싶다.

심지어 망가진 조직이라 할지라도 뛰어난 인재는 병든 조직의 치료제가 되어준다. 사람 한 명의 힘은 엄청나다. '인사(人事)가 만사(萬事)'라고 하지 않는가? 사람이 전부다. 내가 평소에 농담처럼 자주 하는 말이 있다. '회사가 줄 수 있는 최고의 복지는 좋은 동료'라는 표현이다. 동시에 '가장 큰 고객은 옆자리 동료다'라는 말도 자주 한다. 좋은 동료들이 합심해서 만들어내는 퍼포먼스(성과)는 상상 초월의 결과를 가져오기 때문이다(자연 발화형 인재 옆에 비슷한 자연 발화형은 아니더라도 불연성 소재 인간만 아니라면 같이 불타오를 것이기 때문이다). 대표나 팀장들은 늘 좋은 인재를 발굴하고 함께하려는 마음을 게을리하면 안 된다.

몇 년 전, 우연히 일본 야구 선수 오타니 쇼헤이(大谷 翔平)가 연설하는 영상을 보았다. 월드베이스볼 경기에서 미국과 일본의 시합 전, 오타니는 동료들을 격려하고 경기 전 분위기를 끌어올리고 있었다. 국가 간 경기라서 미국 프로에서 뛰는 선수들도 일본팀에서 뛰는 상황이었다. 오타니는 이렇게 말했다.

"지금 경기장에 나가면 우리가 존경하는 미국의 훌륭한 선수들이 1루, 2루수로 나올 것이다. 하지만 그 존경심은 지금은 접어두고 경기장으로 나아가 이기자! 우리는 오늘 이기러 왔다".

사장 입장에서 의지, 열정, 결기를 갖춘 '자연 발화형 인재' 한 명은 회사 전체를 나와 함께 바꿔줄 '회사 입장에서의 은인'이 되어준다. 에너지를 갉아 먹는 에너지 뱀파이어와 같은 불연성 인간과는 너무나 다른 결과를 회사에 가져다준다. 사장이 찾아야 하는 인재의 핵심 요소의 일순위는 이런 '자연 발화성' 인재다. '스스로 불타오를 사람'을 찾아 그 사람에 기름을 부어주면 된다(이는 사장의 일 중 으뜸이다).

### 두 번째는 리텐션이다.

말 그대로, '유지, 지속'의 의미다. 좋은 인재 채용은 퍼포먼스 차원에서 중요하다고 앞서 언급했는데, 인재(人材)는 말 그대로 '사람'이다. 어떤 일을 능히 해낼 능력이 있는 사람을 의미한다. 그런데 사람은 항상 최상의 컨디션을 유지하지는 못한다. 힘들 때도 있고, 기운이 빠지거나, 마음이 아프거나, 게을러지거나, 슬럼프에 빠지는 시기를 겪는다. 사람이라면 당연히 맞닥뜨릴 수 있는 상황이다.

그래서 영업 조직이 건강하게 유지되고 흥하려면, 조직의 장은 모인 인재들이 평균 이상의 평정심과 성과를 유지하도록 '리텐션' 프로그램을 만들고 운영해야 한다. 교육이라는 카테고리로 성장 프로그램을 다양하게 운영할 수도 있고 운동 등의 건강 프로그램을 기획하거나 사내 동호회 같은 화합 프로그램도 하나의 좋은 예가 될 것이다. 특히, 신입 직원을 채용했을 때는 사내 신입 교육 프로그램을 마련하고 단계별 성장 프로그램을 통해 신입 직원이 빠르게 역량을 습득하도록 지원해야 한다.

**마지막으로, 터미네이션이다.**

이는 좋은 인재를 보호하기 위한 방법이다. 말 그대로, '정리' 과정이다. 깨진 유리창 이론, 썩은 사과 이론 등, 이런 무서운 표현을 쓰지는 않더라도 조직에 맞지 않아 동료들과 함께하기 어려운 사람을 그 사람에게 더 적합한 회사로 옮기게 하는 것이다. 물론, 이직할 회사를 마련해주는 것은 아니다. 함께하지 못함을 통보하고 그 사람 외에 다른 사람들이 같은 마인드로 힘을 모을 수 있도록 만들어주는 것이다.

앞서 회사가 주는 최고의 복지는 '좋은 동료'라고 이야기했듯이, 반대로 회사가 하는 최악의 조치는 '나쁜 동료'를 방치하는 것이다(나쁜 사람이 아니라 영업 조직에 맞지 않는다는 의미의 나쁜 동료다). 사람에게 '나쁜'이라는 표현을 쓰는 게 적합하지는 않지만 '피해'를 주는 사람과 일해본 사람이라면 어떤 의미인지 쉽게 이해할 수 있을 것이다. 이런 경우에는 일의 성과가 좋게 끝나더라도 기쁨보다는 찜찜함이 남기 마련이다.

내가 몸담은 부동산 세일즈, 중개법인 업계에서는 이 세 가지 조직 성공 법칙이 더욱 강력하게 요구된다. 월급이 베이스인 정규직으로 근무하는 회사도 이 세 가지 조직 성공 법칙은 통하지만 인센티브 수익구조인 사업자 마인드로 일하는 직업군에서 더욱 필수인 성공 법칙이다. 하는 일은 다르지만, 공인중개사, 변호사, 회계사, 의사 같은 전문 직업군들은 같은 일을 하더라도 직장인으로 하는 사람과 자기 사업을 창업해서 하는 사람들로 나뉜다. 만약 사업가 마인드로 생각한다면 시너지가 나는 능력이 뛰어난 사람이나 인성이 좋은 사람과 함께하고 싶은 마음은 더욱 강할 것이다.

# 살고 있는 동네를 기반으로
# 꿈을 키워가는 방법 -
## 동네 1등 중개법인이 되는 방법

업종마다 차이는 있겠지만, 새로운 일에 도전하는 사람이라면 우선, 시작하는 지역 및 업무 영역에서 1등을 해야 한다. 천하통일까지는 아니더라도 최소한 사업장이 속한 동네에서 1등 정도는 찍어야 한다는 말이다. 업종별로 전문 분야는 다양한데 해당 전문 분야 속에서도 세분되기도 한다. 1등이라는 의미는 실적이나 돈을 제일 많이 벌어야 한다는 의미일 수도 있지만, 그것보다는 '돈 버는 프로세스'를 이해한 상태를 의미한다. 즉, 돈을 벌기 위해 처음 고객을 발굴하는 단계부터 그 고객을 어떻게 이끌어 계약으로 연결하는지 전체 과정을 알고 있어야 한다는 의미다.

내가 일하는 부동산 중개업의 세계에서도 마찬가지다.

일반인들은 공인중개사라고 하면, 주로 집을 사고파는 사람으로 생각하는데, 대부분 공인중개사가 주택 거래를 하고 있고, 뉴스 기사 같은 내용을 보더라도 부동산 투자라고 이야기한다면 대개 이 아파트 투자를 이야기하는 것이기 때문이다. 하지만 부동산 업계에서는 상업용 부동산, 산업용 부동산을 취급하는 전문가들도 많고, 오피스 빌딩 매매 전문, 빌딩 임대차 전문, 호텔 매매 전문, 커피숍 거래 전문, 자동차 매장 거래 전문 등 다양하게 세분화되어 있다. 이 책을 읽는 독자 중에 주거용 부동산 중개나 다른 업종의 영업 조직의 리더라고 하더라도 자신이 판매하는 상품에 대한 이해 및 판매 방법에 대해서 정확하게 모르는 상태에서는 판매는 성공할 수 없을 것이다.

각각의 전문가들도 처음에는 주거와 상업 중 어느 분야에서 시작할지 선택했을 것이고, 일을 해나가면서 점차 업무 종류가 단순화되고 업무의 깊이는 깊어졌을 것이다. 이러한 몰입이 열매를 맺어 수익을 발생시키고, 해당 분야에서 독자적으로 '사업'을 할 수 있는 단계에 이르게 되면 실질적으로 나의 조직, 내 회사를 갖고 싶다는 마음에 이르는 사람도 생기게 된다. 이 책은 바로 그런 창업을 이미 실현했거나, 실현을 앞둔 사람이 읽고 있다는 전제를 깔고 다음 이야기를 이어가고자 한다.

한 분야에서 천하무적이 되겠다는 마음(꿈)을 품었다면, 마케팅 대상이나 지역은 좁혀서 시작해보는 것을 권한다. 예를 들어, 부동산의 여러 분야 중 '사무실 임대차' 업무를 택했다면, 우선 어떤 특정 지역에서 압도적인 매출 1등을 하고 영역(지역)을 넓혀나가야 한다. 나는 28년 동안 부동산 세일즈를 시작하는 공인중개사들을 코칭하면서, 많은 신입들이 공통적으로 저지르는 실수를 보아왔다. 그래서 그런 실수들이 반복되지 않도록 브레이크를 걸어주는 것이 나의 역할이기도 하다. 가장 큰 실수는, 일을 시작하기 전의 꿈은 대단히 큰데 정작 방법을 모르는 상태에서 출발하는 경우다. 막연히 큰돈을 벌고 싶다는 생각만으로, 감당하기 힘든 매출 목표와 업무량을 계획해버리는 것이다. 이럴수록 중요한 것은, 큰 장기 계획을 작은 계획으로 나누는 것이다. 월별·분기별 액션 플랜을 세워 차근차근 지켜나가야 한다. 그래야 작은 성취가 쌓여 자신감으로 이어지고, 결국 큰 목표를 달성할 수 있다.

이 책을 읽고 있는 독자 중, 영업 조직의 확장을 계획하고 있는 팀장이나 대표가 있다면 열정으로 가득 찬 신입 영업 사원(공인중개사)들의 의욕은 유지하면서 헛바람은 빼줄 필요가 있다(하버드 병에 걸리면 약이 없다. 거창한 목표보다 완벽한 하루를 보내게 만들어주는 것이 좋다)는 것을 기억해야 한다. 필요 이상의 바람이 주입되면 터지기 때문이다. 목표가 높은 것은 좋은 일이지만 목표에 다가가기 위해 일정이 정리된 계획 수립은 필수다. 정상까지 가기 위한 단계별 행군 계획이 있어야 한다는 말이다. 덧셈, 뺄셈을 배우고 단계별로 학년이 올라가면서 미적분까지 풀고 대입 시험을 치르듯이 말이다. 이를 신입에게 잘 설명하고 설득해야 한다.

처음 일을 배울 때는 지겨워 보일 수도 있는 반복되는 단순한 활동이 '숙련도'를 높여주는 필수 과정임을 인식시켜줘야 한다. 나는 늘 신입이 이미 다 알게 된 것을 반복하다가 '다음' 일을 가르쳐줄 것을 요청하는 경우, 이렇게 이야기했다.

"우리 회사는 매니저님을 단순히 영업만 잘하는 영업 사원으로만 교육하는 것이 아니다. 나중에 회사가 커지면 매니저님이 팀장, 본부장도 될 수 있기 때문에 미래의 트레이너를 양성하는 목적도 가지고 교육을 더욱 강하게 하는 것이다."

이 시점에서 속도를 내고 싶은 신입의 마음을 다독이지 못하면, 어렵게 뽑아 키우는 미래의 우수 영업사원을 오히려 망칠 수 있다.

첫 영업 대상은 너무 넓지 않게 정하고, 대신 짧은 시간에 완벽하게 영업이 이루어지도록 해야 한다. 판매할 상품이 많다고 해서 높은 실적이 나오는 것이 아니다. 실력이 충분한 전문가에게 판매할 상품이 많을 때 실적이 따라서 같이 오르는 것이지, 실력이 없는 초보자에게 판매할 상품이 많은 경우라면 오히려 혼란만 가중된다. '작지만 완벽한 성취'를 맛보면서 다음 단계로 나아가야 한다.

부동산 중개업 창업, 취업의 관점에서 지역 1등 공인중개사가 되기 위한 방법을 이야기해보자. 역삼동에서 중개업을 시작한다고 가정해보자. 흔히, 교육생(신입 직원, 학원 수강생, 개인 코칭 받는 창업자 등)의 영업 첫날(입사 날)에 내가 꼭 물어보는 말이 있다.

"어떤 분야의 부동산 일을 하고 싶은가?"
"어느 지역을 잘 아는가?"
"얼마를 벌고 싶은가?"

보통 답은 이렇다. 상업용 부동산 분야에서 일하고 싶고, 빌딩 매매를 하고 싶고, 역삼동에서 일하고 싶고, 1년에 2~3억 원 벌고 싶다고 말이다. 2~3억 원 이상의 수익을 내고 싶다는 것은 최소한의 마음일 것이다.

이런 답을 들으면, 나는 다시 묻는다.

"어느 정도 규모의 빌딩 매매를 말하는가?"

"역삼동은 평생 해도 완벽히 장악하기 어려운 큰 지역인데, 그중 어느 블록, 어느 역세권을 중심으로 활동할 것인가?"

"개인 고객을 대상으로 할 것인지, 기업 고객을 대상으로 할 것인가?"

"연 2억 원의 수익을 내려면 1년에 몇 건의 계약을 성사시켜야 하는가?"

사장·대표라면, 앞으로 이런 구체적인 가이드라인과 세밀한 코칭을 소속 공인중개사들에게 해줄 수 있어야 한다.

그다음, 영업 대상과 활동 지역, 연 매출 목표를 설정하게 하고, 이를 토대로 1건 계약의 평균 수수료(단가)를 계산하게 한다. 계산된 단가를 기준으로 연간 목표 계약 건수를 산출하고, 그 목표를 달성하기 위해 평소 관리해야 하는 A급 고객의 수, 그리고 그 A급 고객을 만들기 위해 접촉해야 하는 초기 가망 고객 수를 역산하도록 한다. 이런 수치를 직접 뽑고 계산하는 과정에서, 여러 가지 중요한 결론에 도달하게 된다.

먼저, 영업만 하는 공인중개사의 입장이다.

하루에 신규로 접촉해야 할 가망 고객 수를 정확히 알아야 한다. 영업 사원 1명이 자신의 목표를 달성하려면, 하루에 얼마만큼의 업무량을 소화해야 하는지를 숫자로 보여주는 것이 중요하다(Prospecting = 신규 고객 접촉 목표치). 사실 영업은, 그 숫자를 지키기만 하면 원하는 수익을 달성할 수 있는 단순한 게임이기도 하다. 우스갯소리로 "우직함으로 통계를 이긴다"는 전략이다. 초심자는 계약 성사율이 높지도 않은데, 하루 24시간 동안 뭘 해야 하느냐고?

답은 단순하다.
Try, Try, More.

역삼동에서 1등이 되기 위한 첫걸음은 역삼역 일대의 랜드마크 빌딩들을 완전히 익히는 것이다. 예를 들어, GFC(강남파이낸스센터)를 중심으로 한 블록의 일부, 건물 50여 개 정도를 철저히 파악하는 수준으로 시작하라. 그 과정에서 50개 건물의 공실 여부, 매도 의사, 입주사 현황(Stacking Plan) 등을 조사하고 정리해야 한다. 이렇게 작은 구역을 확실히 잡은 뒤 옆으로 확장해나가는 것이 바람직하다.

마음이 급할수록 오히려 작은 성과를 모아 큰 성과로 이어가는 방식이 효과적이다. 처음부터 1년짜리 대장정을 세워 무리하게 진행하다 보면 쉽게 지치고, 흥미를 잃으면 백약(百藥)이 무효다. 결국 업을 전환하거나 포기하는 상황만 기다리게 될 것이다.

사실 역삼역 일대에서 오래 근무해본 사람이라도, 그곳에서 실제로 부동산 중개 영업을 한다는 것은 전혀 다른 차원의 이야기다. 단순히 동네 지리를 잘 아는 것과 중개를 위해 필요한 구체적 데이터(공실 정보, 소유자 정보, 주요 임차인 현황 등)를 확보하는 것은 천지 차이다. 초심자라면 이런 점을 반드시 구분하고, 철저한 준비를 통해 시작해야 한다(영업을 막 시작한 이들을 위한 정신적 세팅과 구체적 매뉴얼은 내가 과거에 집필한 책들을 참고하면 도움이 될 것이다).

**또 한 가지는, '부동산 회사 사장'의 관점이다.**

때로는 목숨을 유지하기 위해 스스로 팔을 자를 수 있어야 한다. 고름은 살이 되지 않으며, 괴사한 다리를 자르지 않으면 사람 자체가 죽게 된다. 몸을 지키기 위해 다리를 포기해야 하는 결정을 내리는 것도 힘들지만, 이는 '사장의 할 일'이다.

부동산 회사를 창업했으니, 기억에 남을 과거 계약의 추억들을 마음속에 담고 있을 것이다. 앞에서, 영업 사원이 특정 블록(Block)에서 완벽한 세일즈를 진행하는 것에 대해 이야기했다. 이렇게 작지만, 특정 블록을 완벽히 관리하는 영업 사원(공인중개사)이 10명이면 하나의 역세권 정도에서 1등 부동산 회사가 될 수 있을 것이다. 20명, 30명… 인원이 점점 늘어나면서 커버할 수 있는 지역 역시 늘어나게 된다.

그렇게 어느덧 한 동네에서 모르는 고객이 없는 부동산 회사로 자리매김하게 될 것이다(되도록 빠르게 그렇게 되게 하기 위해 이 책을 쓰고 있다). 사장의 역할 중에서 최고 덕목을 리크루팅으로 보는 이유다. 일반 공인중개사가 매물과 고객 확보를 위해 영업 지역에서 파밍(Farming)을 진행해야 한다면, 부동산 회사 사장 입장에서는 영업적 파밍과 좋은 인재 확보를 위한 파밍을 동시에 진행해야 한다.

부동산 회사나 영업 조직의 사장은 자신의 뇌 일부를
항상 '좋은 사람' 찾는 일에 사용해야 한다.

일상에서 누군가 좋은 계약을 했다는 소문이라도 들려온다면 '찾아 나서야' 한다. 그리고 같이 일하자고 제안해야 한다. 이런 스카우트 관련 제안은 흔히 업계에서 이야기하는 직원 빼돌리기 같은 것과는 차원이 다른 이야기다. 보통의 고소득을 내는 열심히 일하는 영업 사원이 이직하는 이유는 비슷하다. 가장 큰 이유는 자기 성장이 안 되는 경우다. 같은 돈을 벌어도 멋지게 벌고 싶은 마음은 누구나 같다. '누구를 대상으로 어떤 거래를 성사시켜서 고소득을 낼 수 있는가?'를 항상 고민한다. 그런 고민과 성장에 대한 갈망이 있는 경쟁사 우수 영업 사원에 대한 관심을 게을리하면 안 된다.

좋은 인재를 확보한다는 것은 그 인재를 통해
직접적으로 매출이 늘어나는 것 이상의 효과를 가져온다.

좋은 실력과 인성을 갖춘 인재는 돈만 만들어내는 것이 아니다.
그들은 '시너지'를 만들어낸다. 자동차의 액셀러레이터 같은 역할을 한다. 어느 동네에서 1등 부동산 회사가 되기 위해서는 업계 일류 수준의 매출과 실력을 갖춘 인재를 최대한 확보해야 한다. 반대로 조직에 맞지 않는 사람들을 지속적으로 골라내서 '집으로' 모셔야 한다. 그들을 위촉 해지하고 회사에서 내보내는 냉정한 행동은 우리의 목적이 친교 모임이 아니라 수익을 내는 영업 조직이기 때문에 어쩔 수 없이 필요하다. 영업 조직은 기세로 돈을 버는 곳이다.

기세(氣勢)가 꺾이는 활동은 조직 내에서 흐르면 안 된다.

흐리멍덩하고 탁한 기의 흐름을 막고 수맥(나쁜 활동과 사람)을 차단하는 것이 영업 조직의 대표가 해야 하는 일 중 1순위다. 리크루팅과 터미네이션은 짝이다. 기세 넘치는 인재가 많은 회사는 리크루팅과 리텐션이 쉬워지고, 결국은 선순환을 만들어내어 터미네이션도 적어진다. 같이 일하고 싶은 사람이 많은 회사를 만들어야 한다.

양질의 인재만이 존재하는 조직으로 거듭나는 것이다. 부동산 회사를 창업할 계획을 세웠다면, 최우선으로 인재 영입 계획을 세워야 하고, 이미 수년째 사업을 하고 있다면 지금 함께 일하는 사람이 모두 '긍정의 기'를 내뿜는 공기 청정기와 같은 존재인지, 매연을 내뿜는 30년 된 디젤차인지를 면밀하게 분석하고 조직을 재정비하기를 바란다. 긴가민가한 경우는 선택하지 말자! 사람은 고쳐지지 않는다. 처음부터 올바른 인재를 영입해야 한다.

당장 힘들더라도 차근차근 계획에 따라 진행해야 한다. '인사가 만사'

라는 말처럼, 사람을 들이고 내보내는 일은 영업 조직의 성공 요인의 전부라고 해도 과언이 아니다. 좋은 인재 단 1명이 조직 전체를 바꾸기도 하고, 반대의 경우도 많다. 흥미로운 사실은 좋은 영향이 퍼지는 시간보다 나쁜 영향이 퍼지는 시간이 훨씬 짧다는 점이다. 따라서 발견 즉시, 정화해야 전체가 산다. 한번 젖은 습기를 말리는 데는 정말 많은 '열(노력)'이 필요하다.

'인사가 만사'다! 사람이 답이다. 오답은 즉시 처리해야 다음번에 틀리지 않는다. 사람은 사업 승패를 좌우한다. 인성에 문제가 있다면 바로 조치해야 한다. 사장이라면 그래야 한다. 그래야 다른 직원들을 보호할 수 있다. 사장의 망설이는 인정은 조직을 망하게 만들 수 있다. 회사는 동호회가 아니다. 나쁜 바이러스는 건강한 사람도 금방 병들게 만든다는 것을 명심하자! 사장은 자신의 마음과 무관하게 조직의 장으로서 판단해야 한다.

# 결혼과 비슷한
# 고객과의 만남

모르는 타인을 처음 만나 어떤 결실을 본다는 점에서 세일즈와 결혼은 닮았다. 부동산 중개, 보험 영업, 자동차 세일 같은 우리에게 익숙한 분야 뿐만 아니라 우리 삶은 집을 나서는 시점부터 '새로운 사람과의 만남'의 연속이다. 정도의 차이는 있겠지만, 남녀가 처음 만나 친해지고 눈동자가 하트로 물들게 되듯이 고객과의 만남도 비슷한 과정을 거친다.

내 직업인 공인중개사 업계에서는 좋은 빌딩은 무조건 좋은 고객과 매칭되어 거래가 성사되리라 생각하지만, 모든 고객이 최고, 최선의 건물에 입주하거나 매매하는 것만은 아니다. 흥미로운 점은, 사람이 중요한 결정을 내릴 때 아무리 분석 자료와 엑셀 표를 들여다봐도 감성적 울림이 없으면 결정을 하지 않는다는 것이다. 결혼이 사랑에 기반하듯, 부동산 거래에도 이와 비슷한 감성의 작동이 있다. 숫자 계산이 아닌 정성적(감성적, 감정적) 요소가 결정적으로 영향을 미친다.

평소, 후배들이나 코칭하는 직원들, 학원 수강생들에게 내가 강조하는 것 중 이런 말이 있다.

"부동산 중개는 물건과 사람을 연결하는 것이 아니라 부동산을 사 파는 사람들의 마음을 얻는 것이다."

자동차 한 대를 산다고 해도 마음속으로 얼마나 많은 생각을 하는가? 1994년, 나에게 첫 차가 생겼을 때, 나는 너무 기분이 좋아 차가 도착한 날 밤에 이불을 들고 가서 차에서 잤던 기억이 난다. 그날 자면서 맡은 찐한 환경호르몬 냄새가 아직도 생생하다. 미국인 친구에게 듣기로, 미국 마트에는 '새 차 냄새' 방향제가 있다고 했는데 이해가 된다. 몸에 좋고 나쁘고의 문제가 아니라 '감성'의 문제다. 첫 차를 자동차 회사에서 출고받은 날, 집으로 돌아가는 행복감을 새 차 냄새의 방향제가 살려주기 때문이다.

'마음이 동(動)해야 고객은 움직인다.'

결국은 마음이 움직이지 않으면, 부동산의 소유권도 이동하지 않는다는 뜻이다. 가끔 열정은 넘치는데 고객의 마음을 헤아리지 못하는 초보 공인중개사들은 자신의 계약이 실패하는 이유가 무엇인지 모르는 경우가 많다. 코드를 맞추지 않기 때문이다. '동'하게 만들라! 마음을 움직이게 하는 것이다.

또 다른 의미에서 '동'은 같은 마음(同)이 되는 것이라고 우리는 일본 여행을 갈 때, 전자 제품 충전을 위해서 돼지코를 가지고 가야만 한다. 일본은 110V를 사용하는 나라이기 때문이다. 마찬가지로, 우리가 고객이나 타인을 만날 때 우리나라 전력인 220V를 강요하면 '전기가 통하지 않는다.'

'통(通)'하지 않으면 계약은 나오지 않는다.

고객은 자신을 위해서 거래하려는 것이지, 공인중개사의 수수료를 벌어주려고 빌딩을 사고파는 것이 아니다. 상당히 많은 공인중개사들이 자신이 중개한 부동산을 고객이 쉽게 결정하지 못하고 애를 태울 때면 원망하곤 한다. 나 역시 고객을 원망한 적이 많다. '거래 결정을 하기만 하면 고객은 건물을 사거나 팔고, 나도 수수료 받아서 집을 넓히고 다른 투자를 하거나 '돈 벌 텐데…'라고 생각한 적이 있었다. 이는 정말 어리석은 생각이다. 지금은 돈을 벌고 싶은 만큼 좋은 제안을 하지 못한 내 탓이라고 생각한다.

누구나 한 번쯤 연애의 설렘을 느껴본 적이 있을 것이다. 설레게 했던 그 순간, 내 주변을 흐르던 공기, 기분, 온도, 손 떨림, 눈동자의 깜박거림, 호흡을 기억해보자. 여러분의 고객에게 이런 비슷한 느낌을 던져주지 못하고 무언가 이뤄질 것이라고 생각한다면, 그것은 뜬구름이나 신기루 같은 결과만을 내보낼 것이다. 꿈이 이뤄지지 않는다는 말이다.

평소 영업 활동을 할 때, 파밍(Farming)이라는 단어를 자주 쓰는데, 세일즈는 농사(Farming)와 거의 일맥상통하는 활동을 통해 성과가 나오게 된다.

고객과의 만남은 '결혼'과도 유사하다.
심지어 결혼이 더 쉬울지도 모른다.

사랑의 결실(성과, 계약 그 어떤 단어로 종결될지 모르지만, 우리가 원하는 그 결과)을 맺기 위해서는 '타인의 마음에 파도를 일으키는 것'은 필수 요소다. 타인의 마음에 파문을 일으키려면 내 마음가짐부터 다르게 먹어야 한다. 내계약이 아니라 이 거래를 통해서 고객은 어떤 이익과 혜택을 입을지를 가장 먼저 생각하는 것이다. 그래야, 고객과 통하게 된다.

양복 입은 50대 신사가 자동차 매장에 들어왔다고 무조건 그랜저 신형을 권하지 마라! 그 고객이 매장에 '왜' 들어왔는지 파악하는 것이 우선이다. 50대 신사는 그날 조카의 결혼식에 참석하기 위해 오랜만에 양복을 입었다. 그는 야채 도매상을 하고 있고, 야채 배달용 트럭 중 2대가 오래되어 교체하기 위해 1톤 트럭을 보러 온 사람이다. 무작정 그랜저를 팔려고 든다면 자료만 손에 들고 그냥 얼버무리다가 매장을 나갈지도 모른다.

부동산 중개법인의 사장이라면, 이 정도는 터득했다고 믿는다. 이런 마인드로 우수한 인재를 영입해야 한다. 그렇다면, 그들이 내 회사로 입사했을 때, 어떤 이익과 혜택을 얻을 수 있는지 '영입 대상자'의 관점에서 고민해야 한다. 리크루팅에 나서기 전에 이런 마인드를 먼저 정립해야 한다.

# '영업의 장'은
# 단련의 장이다

지금은 초등학교지만, 나는 초등학교에 다닌 적이 없다. 나는 국민학교를 나왔다. 국민학교 시절에 치맛바람이 유독하게 세셨던 부모님 덕분에 힘들 정도로 이런저런 것들을 엄청나게 배웠던 기억이 난다. 이참에 나열해보는 것도 재미있지 않을까 하는 생각이 들어 시계열 방식으로 주르륵, 생각나는 대로 한번 써보겠다.

강제 배움 시리즈라고 할 수 있겠다.

유치원 시절의 어느 날, 하루 만에 구구단을 외웠다. 내가 천재라서가 아니라 그날 외우지 못하면 안 되었기 때문이다. 미술학원, 피아노 학원, 주산 학원, 컴퓨터 학원, 웅변학원, 스피드 스케이트, 테니스 등등등등등등등등등(무수히 많음을 '등' 자 반복으로 표현해봤다). 특히, 웅변학원과 테니스는 3년 넘게 다녔고, 테니스의 경우는 학원이 아니라 학교 테니스부(운동부)에 나를 넣으셨다. 살 빼라고 학교 담임에게 부탁까지 해서 강제로 집어넣은 테니스는 국민학교 3학년인 나에게는 가혹했다.

보통 운동부는 운동 위주로 학교에 다니는데 나는 학교 수업 이외 오만가지 학원, 과외, 보이스카우트 활동, 학교 반장, 고학년이 되면 학생회장 등 할 수 있는 활동은 다 하면서 테니스까지 한 것이다. 이유도 모르고 학교 운동장을 오리걸음으로 걷고, 이유도 모르고 테니스장 바닥을 롤러로 밀고, 이유도 모르고 캠핑을 하러 가고, 이유도 모르고 운동부 코치에게 라켓으로 맞고, 이유도 모르고 보이스카우트 선배들에게 기합을 당했다. 참 힘든 시기였다. 그렇게 초등학생 시절을 보내고 중고등학생이 된 후에는 이런 강제적 학습은 더욱 강해졌다.

힘든 학창 시절을 이야기하는 것이 아니다. 내가 하고 싶은 이야기는 이런 강제적 학습이 현재의 나를 살아가게 만들고 있다는 점이다. 긍정적으로 표현하자면, 강제적 몰입과 강제적 다양성 확보는 인생을 풍요롭게 만들고 웬만한 것들은 견디게 하는 힘으로 발현되었다. 드라마나 영화의 한 장면처럼 시간여행이라도 해서 그 시절로 돌아간다면 오히려 더 잘해 보려고 노력할 것 같다. 능동성 결여로 지금 기대보다 못 살고 있다고 느껴서일까? 아니면, 인고의 착각일까?

무라카미 하루키(村上春樹)의 《직업으로서의 소설가》를 읽다 보면,
하루키 선생은 그냥 느낌이 오는 날만 글을 쓰는 기분파 작가가 아니

라 매일 정해진 양을 쓰는 직장인 마인드의 소설가이자, 엄청난 루틴의 실천가라는 사실을 알 수 있다.

숙련도를 갖추려면 단련(鍛鍊)의 과정이 필요하다. 쇠를 만들기 위해서 담금질을 하는 과정이 단련이다. 쇳물을 두드려서 펴고 다시 불구덩이에 넣어서 절반쯤 녹이고 다시 두드리면서 쇠를 강하게 만드는 과정이다. 어떤 것이든 새로 일을 시작해 그 일에서 전문성을 갖기 위해서는 꼭 거쳐야 하는 과정들이 있다.

중식 요리사, 직장의 신입 사원, 편의점 아르바이트 첫날, 군에 입대한 청년들의 훈련소 생활, 의대생의 인턴 첫날, 그리고 내 직업인 공인중개사의 입사 첫날도 이런 단련 과정이 얼마나 잘되었는가에 따라서 그 쇠는 일본도(무사의 칼)가 되기도 하고 밭일을 위한 호미가 되기도 한다. 일본도는 관리만 잘하면 수백 년이 지나도 '검'의 가치를 유지하지만, 호미는 잘 관리해도 쓰는 사람의 마음이 무장(무사, 장군)의 마음과 같지 않기에 한 계절 밭일하는 데 사용되다가 용광로에서 다시 녹아 다른 호미가 될 뿐이다.

새로운 일을 시작하는 마음은 결연해야 한다.

시작하는 순간, 멋진 무사(나 자신)의 검이 될 것인지 밭일용 호미가 될 것인지 정해진다는 말이다. 영업에서도 마찬가지다. '영업의 장'을 열 때는 스스로 '단련'의 시간을 감수해야 한다. 때로는 '어떤 이유인지도 모른 채' 일단 해야만 하는 때가 있다는 것이다. 인내하며 계속 해나가다 보면, '약간 수월'하다고 느껴지는 순간이 온다. 그때가 바로 단련되어가는 순간일 것이다.

이때 안심하지 말고 강도를 높여 단련을 지속하면 '일할 만한 숙련도'를 내 것으로 만들 수 있다. 일하다가 힘이 들고 스트레스받을 때면, 과거의 '단련의 시간'들을 떠올려본다. 다시 하라면 하기 싫다. 그래도, 그렇게 했기 때문에 흙수저인 내가 '밥'을 먹고 산다고 생각한다. 제법 맛있는 밥을 먹고 사는 편이다.

지금 어떤 일을 시작한 사람이라면, 같은 일에서 나보다 몇 걸음 앞서 가고 있는 사람을 빠르게 카피(복사, 따라 하기)해야 한다. 성과를 낸 선배를 따라 하는 것을 창피하게 생각하면 안 된다. 어차피 그 선배도 자신의 선배에게 배우거나 훔친 기술이다. 세상에는 '완전히 새로운 창조물'이 생각보다 많지 않다. 오히려 발명이라는 표현보다 '발견'이라는 말이 더 맞을지도 모른다.

시스템적으로 교육을 받는 것도 방법이지만, 보통의 전문가들은 자신의 노하우를 교육으로 정리해서 가르치는 것보다는 도제식(徒弟式, 1:1의 스승이 제자에게 스승이 배운 대로 그대로 전수받는 형태, 일종의 문하생으로, 거의 상명하복의 교육 방식)이 많다. 앞서 이야기한 '이유도 모르게 일단 시키는 대로 해야 하는 그런 과정'이 있을 수 있다. 필요에 따라서는 그런 막연해 보이는 과정일지라도 시도해봐야 한다. 내가 전문성을 가지려는 그 '업'에서 이미 앞선 사람들은 학원처럼 커리큘럼을 짠 적이 없지만, 그들의 몸속에 프로세스가 세포 하나하나 녹아 있고, 그 프로세스를 진행하는 과정에서 단계별 숙련도 확보를 위해 후배, 견습생, 신입직원, 문하생 등 여러 가지 이름을 가진 초심자(일을 배우고자 하는 자)를 '단련'시키게 된다.

지겹게 느껴지기도 하는 '단련'의 과정은 생각보다 길지 않다. 그저 길게 느껴지는 것이다. 예전에 한창 신입 공인중개사들을 교육할 때, 나 역시 이유도 없이 '오늘은 이것을 이만큼 하세요' 이런 식의 교육을 했던 적이 있다. 그러자 어떤 신입이 나에게 항의했다.

CASE 1

신입: 언제까지 전화를 해야 하나요? 제가 콜센터 직원인가요?

나: 예? 뭐라구요? 저도 콜센터 팀장은 아닌데요! ○○씨! 사무실 이전이나 빌딩 매매할 고객이 많이 있으세요?

신입: 아니요!

나: 입사한 지 며칠째죠?

신입: 일주일이요(교육 기간이라는 뜻).

나: 지금까지 몇 통 했어요?

신입: 50통이요!

나: 저도 ○○씨를 콜센터 직원 만들려고 전화 연습을 시키는 것이 아닙니다! 그 정도 하고 그런 말을 한다면, 부동산 영업에서 성공하기 힘듭니다.

그 신입은 다음 날부터 출근하지 않았다. 나는 이런 사람들을 통칭해 '부동산 업에 맞지 않는 사람'이라고 부른다. 참고로, 콜센터의 신입 직원들은 하루 최소 200통은 한다는 점을 짚어두고 싶다. 될 성싶은 나무는 떡잎부터 다르다. 하지만 50통의 전화를 하다 잘 안 된다고 느껴도, 앞의 사례와는 다르게 대응하는 사람들도 있다.

CASE 2

신입 2: 팀장님! 전화를 50통째 하고 있는데요, 고객과 약속이 잘 안 잡힙니다. 제가 몇 통 하는 동안 옆에서 제 스크립트나 고객 대응을 체크해주실 수 있을까요?

'아'와 '어'는 완전히 다른 의미다.

CASE 2의 신입과 같은 질문을 하면, 웬만한 선배들은 대부분 발 벗고 나서서 후배를 도와주게 되어 있다. 가끔 이 정도 친화력은 없지만, 꼭 배우고 넘어가야 한다는 것을 인지한 후배는 선배의 전화를 몰래 들으면서 자신도 비슷하게 하려고 노력한다. 사무실 구석이나 차 안에서 혼자 스크립트(대본)를 연습하고, 통화 내용을 수정하며 숙련도를 높이는 식이다. 스스로 단련하는 것이다. 숙련도를 확보하기 위해서는 '습득의 기술'과 '훔치는 기술'이 모두 필요하다. '말을 물가로 끌고는 갈 수 있어도 강제로 물을 마시게는 하지 못한다'라는 말이 있지 않은가? 성장은 배우려는 자세와 의지의 크기에 정비례한다.

무언가 새로운 일을 하려고 '도전'했는데 고작 며칠, 혹은 몇 달 해보고 '이것은 내 길이 아닌가 봐' 하는 그런 약한 소리를 할 거면 아예 시작도

하지 않는 것이 낫다. 그런 생각이 들었다면, 꾸역꾸역하는 것보다는 바로 그만두라고 말하고 싶다. 어차피 실패하게 되어 있다.

내 경우, 부동산 일이 하고 싶은 1순위 일은 아니었지만, 하게 되었고 성과가 나기 시작하면서 더 잘하고 싶어서 노력했다. 타고난 재주가 없어도 노력으로 90% 수준까지는 누구나 도달할 수 있다고 믿는다. 그것도 짧은 시간에 말이다. 할 만큼 다 해보지 않은 사람들이 힘들다고 이야기하는 경우가 많다. 냉정하게 이야기하자면 중간에 포기하는 사람들은 자신이 포기한 일에서 진짜 힘든 것이 어느 정도인지 모른다. 그들이 포기하는 수준보다 훨씬 힘들다는 점을 알려주고 싶다. 그렇게 쉽게 포기할 사람들 입장에서 할 만한 일이라면 얼마나 쉬운 일인지를 생각해봐야 한다. 누구나 다 할 수 있는 난이도라는 이야기다. 쉬운 일에 큰돈이 따를 리 없다. 세상에 그런 셈법은 없다.

당장 그만둘 것이 아니라면, 처음 일을 시작하는 상황에서는 입 밖으로 힘들다는 말을 꺼내지 마라! '마가 낀다?', '재수 옴 붙는다?'와 같은 표현처럼, 자신의 도전 의지를 죽이는 생각조차도 하지 말라는 의미다. 큰 수익 창출을 위해 새로운 일, 부동산 중개법인 같은 영업 조직의 창업에 도전하는 사람이라면 목표가 쉽게 달성될 거라는 생각조차 하지 말아야 한다. 쉬우면 누구나 하지 않겠는가? 초등학교에 입학한 8살 1학년들은 12년을 공부해야 대학생이 된다. 그 대학생이 대학을 졸업하고 사회에 뛰어들어도 사람 구실을 하려면 한참의 시간이 필요하다. 쉽게 지친다면 아무것도 이룰 수 없다. 초중고 학생보다는 나은 인내력을 갖고 일을 시작하자!

이 책을 지금 쓰고 있는 나 역시 아주 피곤한 상태에서 꾸역꾸역 원고를 쓰고 있다. 평일에는 부동산 일을 해야 하니 주말밖에는 쓸 시간이 없어 조금 촉박하다. 오늘은 토요일이지만 아침 6시에 일어나 공인중개사 학원에서 화상 강의를 하고, 점심 무렵에는 서울 강서구 마곡 지역의 신축 빌딩들을 업계 지인들과 함께 답사했다. 귀가하기 전에는 단골 카페인 스너글리 커피숍(Snugly)에 들러 글을 쓰고 있다. 저녁 8시 반에는 책쓰기 모임(A4-130 Forum, 네 달 동안 매일 A4 한 장씩 써서 초고를 완성하는 프로젝트)의 화상 회의가 예정되어 있다.

뭐든지 하겠다고 결심했지만, 늘 최고의 컨디션을 유지할 수는 없다. 슬럼프에 빠지고, 진도가 안 나가는 날도 온다. 하지만 그 순간, 전진을 멈추면 다시 나아가는 데 몇 배의 힘이 든다. '현재가 힘든 분'이 이 글을 읽고 계신다면, 큰 소리로 '해야 한다'라고 외친 후에 다시 시도해보라고 권하고 싶다. 억지로라도 해야 한다. 좋은 컨디션을 기다려서 최고의 퍼포먼스를 내야 한다는 생각을 버려야 한다.

가끔 '인생의 주인은 자신이고 하나뿐인 인생에서 하기 싫은 것은 할 필요가 없다'면서 자신의 포기를 포장하는 사람들도 보게 되는데, 30년 후, 50년 후 어떻게 될지를 지켜보면 알 일이다. 내가 목격한 고객들 사례를 보면, 인생은 관뚜껑이 닫힐 때까지 끝난 것이 아니다. 젊어서 잘나가다가 환갑에 재산을 다 날리는 사람도 많고, 반대로 꾸역꾸역 성실하게 살다가 노년에 큰 부를 모으는 사람도 많았다. 부동산 중개업을 하다 보니 나는 그 흥망성쇠의 현장을 늘 지켜볼 수 있었다. 그리고 그 공통점은 언제나 부동산과 연결되어 있었다.

　만약 당신이 어떤 하루를 보내고 있는데, 컨디션이 너무 좋고 하는 일마다 잘되는 날이 있다면, 그날은 밥도 먹지 말고, 잠도 미루고, 오직 일에 몰두하라고 권하고 싶다. 1년 365일 중에서 그런 좋은 컨디션의 날은 며칠 되지 않는다! 원래 일상이라 것이 항상 조금은 찌뿌둥하고, 뻐근하고 몸 어딘가 결리고 피곤하고 그렇다. 그렇다고 좋은 날만 기다리며 계속 놀 수는 없지 않은가! 이 핑계, 저 핑계로 일 안 할 핑계만 찾지 말라는 뜻이다. 나는 가끔 놀고 싶을 때, 일하기 싫을 때 이런 생각을 한다.

　'음, ○○○ 회장님은 오늘도 돈 벌 생각에 직원들 닦달하고 있겠지?' 또는 '○○○ 대표님은 오늘도 새벽 5시에 일어나서 회사 가셨겠지?', '○○○ 원장님은 지금 점심시간인데 아직 환자 받고 계시겠지?' 등 이미 많은 것을 이룬 사람임에도 멈추지 않는 사람이 천지다.

　찐 부자들은 스스로가 놀아야 할 때를 잘 안다.
　그런 날이 오기는 온다. 바로 본인 장례식 이후다.

# 직원을 가르치는 것은
# 실제로는 사장을 위한 일이다

무언가를 배워서 나만 사용하려고 기술을 습득하는 것과 타인을 가르치기 위해 배우는 것은 전혀 다른 결과를 만든다. 배우는 과정에서 대충 넘어갈 만한 일들이 생길 텐데, 배운 것을 타인에게 전파해야 하는 입장이 되면 완벽하게 알기 위해 애쓰게 될 것이다.

예전, 내가 신입 공인중개사들을 교육하는 첫날, 나는 매번 "우리 회사는 큰 성장을 목표로 하고 있습니다. 향후 여러분들이 여러분의 팀을 이 회사 안에서 만들고 확대해야 하기에 신입 교육을 잘 습득해서 각자가 저와 같은 코치의 역할을 할 수 있게 되기를 바랍니다"라고 말했다. 당장 이렇게까지 많이 공부해야 하냐고 묻는 신입에게 애당초 그런 질문도 하지 말라고 선제공격(?)으로 해주는 이야기였다. 그리고 진실이다.

신입 교육을 할 때 수익을 창출하는 단순 영업 사원 양성이 아니라 팀장의 역할을 해야 한다는 것에 포커스를 맞춰, 자질을 미리 연마시키는 것이다. 흔히, '가르치면서 배운다'는 말도 있지 않은가! 사실 어떤 교육 과정에서 가장 많이 배우는 사람은 가르치는 사람이다. 선생이 가르치면서 제일 많이 배운다는 뜻이다. 이나모리 가즈오 회장님의 경영 철학인 아메바 경영과도 닮아 있는 마인드다. 모든 직원이 사장의 마인드와 일체화되고 작은 단위별로 같은 목소리를 내는 구성원을 만들어낼 수 있는 시스템을 갖춰야 대형화할 수도 있다. 어느 정도 사업 규모를 갖춰야 하지 않겠는가.

이 책을 읽고 있는 분 중 사업을 꿈꾸고 있다면, 인재 양성 프로그램을 반드시 갖추기를 권한다. 중개법인 성공 법칙 중 리텐션이 여기에 해당한다. 신입 영업 사원에 대한 성장 프로그램이나 우수한 경력자가 입사해 당신 회사의 정체성을 이해하고 합심하며 이후 입사하는 신입들을 사장과 같은 마인드로 교육하고 코칭하기 위해서는 구분된 '인재 양성 시스템'은 필수다.

처음 합류하는 1명을 내 회사 사람으로 만들어나가는 과정은 반드시 필요하다. 신입의 경우에는 사장인 당신 스스로가 신입에서 성장해온 과정을 되짚어가면서 도제식이라도 그 첫 번째 영업 사원(공인중개사)이 빠르게 수익을 창출할 수 있도록 가르쳐야 한다. 이 '첫 영업 사원을 얼마나 잘 트레이닝시키느냐'가 회사 성패를 좌우한다.

경력자가 첫 영업 사원으로 입사한다면 더욱 신중을 기해야 한다. 정석으로 갖춰진 실력인지 검증하고, 그렇지 않다면 실력을 재정비시켜줘야 한다. 실적을 잘 내는 경력자라도 사장의 영업 방식, 경영 방식에 맞출 수 있도록 설득하고 조율해야 한다(그래야 사장인 당신과 하모니를 낼 수 있다). 일은 잘하지만 잘못된 방식으로 일을 배운 경우, 향후 조직이 커졌을 때 사람 간의 불협화음을 일으키는 사람이 많기 때문이다. 이런 사람이 초기에 합류한다면 지속적으로 마인드를 갖출 수 있도록 설득, 지도해야 한다(물론, 시간의 한계를 두고 말이다).

경력자에 대한 마인드 교육을 강조하는 이유는, 잘 전환된 경력자는 회사의 큰 무기가 되기 때문이다. 그만큼 노력을 들여야 한다. 회사 경영이 어느 정도 궤도에 오르면, 리크루팅 및 교육을 담당하는 스태프를 직원으로 채용하는 것도 효과적이다. 채용 및 교육 담당을 활용하는 방법을 간단히 기술해보겠다.

부동산 회사를 운영하겠다고 마음먹은 순간, 사장 입장에서는 부동산 거래를 통해 수익을 창출하면서 소속 공인중개사들과 수익을 배분하는 구조를 갖게 된다. 우수한 인재 확보가 수익 극대화의 필수 요소가 된다. 근본적으로 영업 조직을 운영하는 사장은 '사람'을 통해 수익을 창출하는 것이다.

채용 담당자라도 초기에는 스태프로서 총무 등의 업무 전반을 할 수도 있겠지만, 주 업무는 채용과 교육이어야 한다. 영업 사원이 부동산 거래를 위해 좋은 물건과 고객을 찾아 신규 고객 발굴 활동(Prospecting) & 파밍(farming)을 하듯이 채용 담당자도 입사 대상자 발굴 활동을 해야 한다. 각종 채용 사이트에 회사가 필요로 하는 인재상을 알리고 좋은 인재를 찾아야 한다.

여기서 중요한 포인트를 하나 이야기하겠다. 채용 사이트에 지속해서 채용 공고를 올리는 것도 중요한 일이지만, 내가 늘 강조하는 '고객을 직접 찾는 아웃바운드'적인 사고를 생각한다면, 채용 공고에만 올리는 것은 너무 수동적이다. 채용 사이트를 능동적이고 적극적인 방법으로 활용해보자. 채용 사이트를 회사 차원에서 채용 공고를 올리는 용도로만 쓰지 마라! 추가 요금을 내면 채용 공고를 올린 사람들의 이력서를 검색할 수 있는 기능이 주어진다. 특정 분야(부동산 중개, 컨설팅, 건축업 등)에 지원한 인재를 필터링해서 검색해본다. 적극적으로 찾아보라는 뜻이다. 우리 회사에 입사하면 잘할 것 같은 경력, 학력 및 자기소개가 되어 있는 인재들에게 연락한다. 이때, 철저하게 연락하는 목적과 해야 할 말을 정리하고 연습한 후에 연락한다.

가장 좋은 방법은 매주 특정 요일을 정해서 연락 온 사람들을 한자리에 모으는 것이다. 모임 명은 '채용 세미나', '성공 세미나', '부동산 비즈니스 제안 세미나' 등 회사가 향후 계속 사용할 이름으로 정한다. 처음에는 많은 인원이 모이지 않을 수도 있다. 하지만 1명만 방문하더라도 세미나를 진행한다. 세미나는 약 1시간 이내로 진행한다. 우리 회사에 입사(합류)해 그들(지원자)의 부동산 사업이 얼마나 빨리 안착할 수 있으며, 회사는 입사자들에게 어떤 입사 혜택과 미래의 비전을 제안할 수 있는지 등의 내용을 정리해서 브리핑한다.

이 세미나가 끝날 무렵, 질의응답 및 정식 입사(합류) 지원서에 사인을 받는다. 매주 루틴하게 하는 것이 좋다. 10명의 신입이 입사하면 3~4개월 후에는 이 중 1~2명은 고소득을 낼 떡잎으로 자라고, 5명 정도는 버티지 못한다. 이렇게 낙오되는 사람을 줄이기 위해서는 신입 교육이 반드시 필요하다. 신입 교육은 입사 후 한 달 안에 회사의 영업 지역에서 기본적인 영업을 할 수 있도록 매물 발굴, 고객 발굴 위주의 영업 및 사내 각종 필요 교육을 포함해야 한다. 절대 방목 형태로 신입을 방치하면 안 된다.

'1년 안에 회사가 자리를 잡게 만든다'라는 생각으로 매달 1~2명을 꾸준히 늘려나가야 한다. 초기에 합류한 마인드 좋은 경력자는 사장과 함께 코치 역할을 해줄 것이고, 입사 후 1년 차가 다 되어가는 안착이 잘된 신입은 새로운 신입을 뽑기 위한 매우 중요한 샘플이 된다.

신입, 경력자를 늘려나가기 위한 채용 사이트 활용에 대해 이야기해봤다. 하지만 요즘은 채용 사이트뿐만 아니라 다른 채널을 통해 채용을 넓혀나갈 수 있다. 바로 SNS를 활용하는 것이다. 고객의 연령대도 젊어지고 있고, 홍보·마케팅을 하는 데 SNS가 큰 영역을 차지하는 세상이 되었다. 이제는 현대 자동차에서 신차를 출시한다면, 대형 일간지에 광고하는 것보다 자동차 유튜버인 인플루언서가 그 차를 타는 시승기를 올리는 것이 더 큰 효과를 낸다.

세상이 달라졌다! 그러니 채용 방법도 달라져야 한다.
회사 차원의 SNS 채널을 운영하는 것도 필수다.
채용을 위해 인재 검색도 SNS를 활용해야 한다.

각종 SNS를 보면 자신이 맡은 부동산을 열정적으로 소개하는 공인중개사들을 쉽게 만날 수 있다. 그들은 자신을 알리기 위해 다양한 방법을 시도한다. 성수동의 한 부동산 중개사는 '내가 최고'라는 이미지를 주고자 정보성 영상을 꾸준히 올리고, 심지어 주목을 끌기 위해 춤을 추는 것도 마다하지 않는다.

채용 담당자나 부동산 회사의 사장은 이런 적극적인 마케터들을 눈여겨봐야 한다. 스스로를 드러내고 도전하는 태도야말로 회사가 원하는 인재상이다. 그래서 적극적으로 스카우트하려는 노력이 필요하다.

이 글을 쓰는 나 역시 마찬가지다. 나 또한 내 곁에 그런 마케터들이 필요하다. 결국 이런 사람들이야말로 우리 회사가 함께 성장하기 위해 꼭 필요한 인재이기 때문이다.

그들의 활동을 유심히 보고 '같이 일하자'고
제안할 수 있어야 한다.

부동산 회사를 창업했다는 것은, 극단적으로 '사람 장사'를 시작했다고 봐야 한다. 인재 확보가 성공의 핵심이다.

# '업'에서 이기주의를
# 버리는 마음은?

작은 성공은 경쟁자와의 승리로 이룰 수 있지만, 큰 성공을 이루기 위해서는 이타심이라는 단어를 잊어서는 안 된다. '동반 성장'이라는 마음으로 같은 업에서 플레이어를 늘리고 선의의 경쟁 속에서 실력을 우상향시키는 마인드를 가져야 한다. 혼자서는 큰돈은 벌지 못한다.

개인적으로 나는 타사나 경쟁사의 도움 요청도 나와 직접적으로 경쟁 관계에 놓인 일부 경우를 제외하면 거의 뿌리쳐본 적이 없다. 심지어 타사 직원이 나에게 자기 일에 대한 조언을 구해오는 경우, 자료 제공이나 방법론적인 부분에서는 도움 주기를 아끼지 않는다. 사실 어떤 면에서는 미래의 사업 파트너 확보를 위한 리크루팅이나 우리 회사로 스카우트하기 위한 이유도 있지만, 그보다는 후배들의 성장을 지원하는 마음도 크다.

과거를 돌이켜 생각해보면,
큰 계약 성과는 '누군가' 함께한 경우가 많다.


'파이를 키워야 한다'라는 말이 있지 않은가? 두 사람이 피자 한 조각을 나눠 먹으려다 보면 분쟁도 발생하고 의가 상하기도 하지만 코스트코 피자 같이 엄청나게 큰 피자를 반으로 나눈다면, 분쟁이 발생하는 일은 많지 않을 것이다. 사실, 큰 피자 한 판은 둘이 먹기에 크지 않은가?


또, '곳간에서 인심 난다'라는 말도 있다. 더 큰 일을 도모하는 마음으로 타인과 상생하고 함께 성장하려는 마음을 갖는다면, '경쟁'과 어울리지 않는 이타심이라는 단어의 중요함을 이해할 수 있을 것이다. 큰 프로젝트를 진행하다 보면, 여러 명의 능력이 필요한 경우가 많다. 고객에게 보고나 협상을 잘하는 사람이 있고, 자료 조사와 보고서 작성에 능한 사람, 답사를 잘 시키는 사람 등 진행하는 프로젝트가 크면 클수록 사람의 능력도 세분화되어 필요하다. 종종 개인과 개인, 혹은 개인과 회사 간에 불협화음이나 갈등이 생기는 경우가 있다. 대개는 일에 대한 대가를 배분하거나 일을 배분하는 상황에서 이런 갈등은 극에 다다르게 되는데, 훗날을 생각해보고 계속 같이 일할 필요가 있는 사람이라면 개인도 회사도 서로 양보하는 마음을 가질 수 있어야 한다.


특히, 사장·대표 입장에서 회사가 수주한 거래를 공인중개사를 통해 계약이 성사되었을 때, 이런 분쟁이 원천적으로 생기지 않도록 상황별 배분율 등을 기록한 업무 규정을 만들고, 수시로 변수가 생길 때마다 보강하면서 회사의 '헌법'처럼 만들기를 바란다. 회사의 업무 규정은 특정 공인중개사가 입사하기 전부터 존재하는 것이고, 입사 후 모든 멤버에게 동일하게 적용되기 때문에 이견과 불만이 나오기 힘들다. 시끄러워질 소지가 충분한 것들을 창업 초기에 모두 도출하고 방책을 마련해두는 것은 훗날 분쟁이 안 생기는 회사를 만들기 위한 매우 중요한 포인트다.

정리해서 이야기하자면, 평생 해야 할 일이고 큰 프로젝트는 결국 사람들의 힘이 합쳐져야 가능하다는 점을 명심해야 한다. 분쟁 시, 열띤 토론은 얼마든지 가능하지만, 어느 순간에는 양보하는 마음과 이기심을 잠시 내려놓을 수 있는 너그러움이 필요하다. 누구든 반대의 상황에 놓일 수 있다는 사실을 잊지 말아야 한다.

# 부동산 투자를 통해
# 부자의 길로 가는 사람들

어떤 상품을 판매하거나 중개한 커미션을 주 수입원으로 하는 영업맨들의 경우, 어느 순간 본인도 소비자(구매자)의 입장이 되기도 한다. 재미있는 사실은 판매자(중개자)이면서 소비자(구매자)가 되는 순간, 판매 실적은 날개를 달기도 한다는 것이다. 주머니가 두둑해져서 마음의 안정감이 오는 탓도 있겠지만, 더 큰 이유는 소비자의 마음에 공감하는 이해력이 높아졌기 때문이다.

쉽게 말해, 중개인도 어느 시점에는 건물주가 되는데, 건물주이면서 영업을 하는 공인중개사와 그렇지 않은 공인중개사는 건물주를 대하는 태도부터 맡은 건물을 채우거나 팔 때의 마음가짐까지 확연히 다르다. 똑같이 건물주의 사고로 건물주를 대하기 때문이다.

'나라면…'이라는 동질감에서 오는 정확한 소비자 니즈(Needs) 파악은 셀링 포인트(Selling Points)를 정확하게 짚어낸다. 특히, 중개업을 업으로 하는 사업자(공인중개사, 중개법인 대표 등)라면 작은 부동산이라도 빨리 사고팔아보기를 권한다. 이는 설득력을 높이고 그에 따라 실적이 높아질 것이다.

'BMW를 타면서 벤츠를 팔지는 마라!'
설득이 효과를 보려면 같은 입장이 되는 것이 좋다.

나는 공인중개사 신입들에게 중개 의뢰를 접수받을 때, 무조건 전속 중개 의뢰로 받으라고 가르친다. 물론, 처음 만난 영업 사원에게 고가의 부동산 거래를 선뜻 해보라고 전속 의뢰를 하지는 않겠지만 두 번, 세 번 지속적인 접촉과 매번 다른 업그레이드 제안을 통해 결국 '전속 계약'을 체결해야 한다. 전속 계약의 목적은 안전하게 수수료를 확보하기 위함이 아니라 부동산을 소유한 소유자의 마음으로 일하기 위함이다. 같은 편, 같은 마음이라고 마음이라고 느껴질 때 비로소 '설득'은 힘을 발휘한다. 사람은 동질감을 느껴야 마음이 움직인다.

예를 들어, 상품 가격을 뽑아낸다고 생각해보자. 판매하는 상품의 가격이 잘못 정해지면, 시장에서 경쟁 물건들이 모두 거래된 후에나 내 고객의 상품이 판매될 가능성이 커진다. 의뢰받은 고객의 자산을 좋은 조건으로 고객이 원하는 시기에 거래하려면 가격 산정은 정말 중요하다. 나의 자산이라고 생각하고 적정 가격을 산출해야 한다. 판매가 잘될 적정가를 산출하기 위해서는 주변의 경쟁 물건(부동산, 빌딩 등)이 시장에서 팔리는 가격이

나 입주 유인책(입주 혜택, 가격 할인, 임차인에 대한 입주 서비스, 매매라면 기존 임차인 명도 역할 등)을 보이지 않게 판매(매매, 임대 등)에 적용하고 있는지 스스로 살필 줄 알아야 한다.

　타인의 재산을 맡은 사람이 얼마나 섬세하게 그 재산을 다루는지에 따라서 결과는 하늘과 땅 차이가 된다. 마치 조선 시대에 신하가 잘못된 판단을 내리는 왕에게 목숨을 걸고 "해야 합니다!" 또는 "그래서는 안 됩니다"라고 말할 수 있는 사이가 되어야 한다. 내 고객 중에도 그런 관계를 맺은 분들이 몇 명 있다. 28년 영업을 했지만, 생각보다는 많지 않다. 내 경우에는 이상한 '갑'들은 첫 미팅부터 걸러내는 편이다. 28년간 사람을 만나다 보면 느낌이 온다.

　'저분 일을 맡아서 한다면, 결국 나중에 좋을 것이 없겠구나!'

　이런 경우, 정중하게 '저는 ○○○님의 일을 하기에 적합한 사람이 아니고, 제 전문 분야도 아닙니다'라고 말씀드리고 일을 맡지 않는다. 몇 달 후, 몇 년 후에 벌어질 일이 보이기 때문이다. 경우에 따라서는 수수료를 굉장히 높이 불러 고객이 나를 절대 선택하지 못하게도 만들기도 한다. 고생은 고생대로 하고, 내가 한 일에 대해 가치를 평가절하하거나 예의 없는 말이나 행동을 수시로 해서 돈을 넘어서는 마음 상함을 당하기 때문이다 (상처는 아니고 상함이라고 이야기하고 싶다).

　때로는 '갑'도 '을'의 눈치를 보고 비위를 맞춰야 한다.
　왕도 신하의 눈치를 봤다. '을'을 써먹어야 하기 때문이다. 갑은 을에게 돈을 주고 일을 시키지만, 그 덕분에 을의 노동력이나 지식으로 갑은 그 돈의 수십 배, 수백 배를 벌게 된다. 갑의 입장에서는 내가 더 큰 수익을 얻기 위해서 '을'을 존중하는 척이라도 잘해야 한다는 뜻이다(진정으로 존중하는 경우는 없을 것이라고 생각한다. 사람 마음은 알 수가 없다. 그래서 나는 그냥 겉으로만이라도 잘해주면 된다고 생각한다). '을'들이 수집한 정보로 '갑'은 부자가 된다.

수수료를 아껴서 부자가 된 '갑'은 본 적이 없다. 일의 품질보다 더 많은 돈을 주는 고객도 본 적이 없다. 고객이 주는 '돈'은 받은 것만큼만 나에게 나온다는 사실을 알아야 한다.

쓸 만한 '을'을 찾았다면 기꺼이 을과 수익을 나누고 그보다 수십 배를 벌겠다고 생각하는 것이 좋다. 같은 편이라고 표현하기는 싫지만, 마음으로 일하는 집사를 가진 사람이 '큰 부자'가 된다고 생각한다. 조선 시대에 왕은 다섯 번의 식사를 했다고 하는데, 사람이 그 많은 반찬과 밥을 다섯 번이나 먹을 수 있었을까? 실제는 먹을 만큼만 먹고 상을 물리면 대전 무수리들이 식사했다고 한다. 왕과 같은 밥을 먹은 셈이다. 별것 아닌 것 같아도 마음이 움직였기 때문에 반란군이나 외적이 궁을 쳐들어왔을 때, 왕 대신 칼을 받지 않았겠는가?

현대 사회에는 왕은 없지만 조선 시대보다 더 큰 권력이 존재한다. 바로, '돈'이다. 많은 돈을 내 것으로 만들려는 사람은 다양한 투자를 하게 되는데, 그 과정에서 각 분야의 전문가에게 일을 주게 된다. 이렇게 타인을 통해 내 재산을 불릴 때, 절대 그 타인에게 함부로 하지 않기를 바란다.

지킬 것이 많아질수록 사람은 조심하고 또 조심해야 한다.

평안감사 되기는 너무나 힘들지만,
평안감사 감투가 날아가는 것은 한순간이다.

타인에게 악감정을 심어주면 안 된다. 특히, 마음에 생채기를 내면 안
된다.

# Chapter 2

## 몸이 마음에
## 달라붙게 만드는 법

# 뼈가 약하면 근육의 힘으로 버티자
## - 몸이 마음을 지배하게 만들자

요즘 책이나 각종 매체에서 '루틴'이라는 단어를 자주 접한다. 작심삼일 (作心三日)이라는 말이 왜 생겼겠나? 꼭 해야 하는 일을 굳은 마음으로 결심하고 시작해도 그 행동을 3일 넘겨서 지속한다는 것이 힘들다는 이야기다. 울릉도 호박엿이나 강력 접착제처럼 '결심'이 내 몸에 철썩 달라붙게 만들려면 어떻게 해야 할까?

이는 어떻게 '루틴'을 만들어낼 것인지와 일맥상통한다.
비가 오나 눈이 오나 '무조건' 그날 할 일을 해내자!

새로운 일을 시작하는 사람은 의욕이 넘치기 마련이다. '상당한 결심'을 품고 눈동자가 독기로 가득 차 있다. 그러나 이 '독기'는 금세 자연 해독되어버린다. 그게 사람이다. 어느새 연체동물처럼 흐물흐물해진다. 그래서

'뼈'가 필요하다. 이런 경우는 때로는 타인의 힘이 필요하다. 군대 조교, 학교 선생님, 영업 조직의 코치나 트레이너들이 그 예다. 내가 처음 영업을 시작했던 어린 시절, 나는 이런 생리를 빨리 깨달았다. 그래서 입을 벌린 악어의 입속으로 머리를 밀어 넣는 마음으로 회사의 선배를 붙잡았다. 막히는 것이 있으면 매일 가르쳐달라고 끈질기게 괴롭혔다.

"○○대리님! 저 오늘 콜드 콜(Cold Calling; 가망고객 확보를 위한 불특정 다수 대상의 전화. 말 그대로 차가운 반응이 대부분인 전화인데 이를 어렵게 생각하는 사람이 많다) 해야 하는데, 스크립트는 연습했는데, 대응이 잘 안 돼요. 제가 전화하는 동안 옆에서 봐주시면 안 될까요?"

선배 옆에서 전화를 걸면서 전화 한 통이 끝날 때마다 내가 한 말이 괜찮은지 계속 물어봤다. 엄했던 내 사수(선배)는 때로는 칭찬을, 대부분은 욕도 섞어서 내 전화 멘트를 수정해주고 다시 해보라며 옆에서 같이 들어주고 때로는 옆구리를 꼬집으면서 '내가 제대로 된 적절한 멘트를 날리도록' 보정해줬다.

이 과정을 반복하다 보니 나 스스로 조금씩 실력이 붙는 것을 느꼈고, 이는 실적으로도 나타났다. 고객과 약속을 잡는 횟수가 눈에 띄게 늘었고, 어느 순간부터 매달 계약을 할 수 있었다. 가끔 그 선배와 연락할 때면 나는 그 옛날이야기를 꺼내며 '형님'이라고 깍듯이 모시고 있다.

"○○실장님! 고객이 이런저런 컴플레인을 하시는데, 제가 감당이 안 돼니다. 같이 가서 상담 좀 해주시면 안 될까요?"

선배를 내 차에 태우고 고객 미팅을 하러 가서 내가 이상한 소리를 할 때마다 선배는 적극적으로 개입해 적합한 멘트로 고객 대응을 하는 모습을 보여주었다. 나는 속으로 그 말들을 복사했다. 그리고 다음 미팅을 할 때는 선배는 가만히 지켜봐주고 내가 선배의 모습을 생각하면서 따라 하기를 반복했다. 이런 복사와 반복의 과정 속에서, 어느 순간부터는 같은 내용이라도 나만의 언어와 말투로 변형된 '내 스타일의 영업 방식'이 만들어졌다.

별의별 일들로 선배들을 괴롭혔던 기억이 난다. 그러나 보통 선배들은 이런 후배들을 싫어하지 않는다. 무릎 연골이나 뼈가 안 좋을 때는 잘 발달된 근육이 약한 뼈를 대신해서 걸을 수 있도록 받쳐준다. 그런 '근육'과 같은 역할의 선배들을 유심히 봐두고 도움 요청을 아끼지 말아야 한다. 어떤 회사라도 똘똘한 후배를 가르치지 않을 선배는 없다. 똘똘한 후배를 키워두면 선배들의 일이 편해지기 때문이다. 심지어 후배 덕분에 게을러진 선배의 불씨가 살아나기도 한다.

혼자 독자적인 활동을 할 수 있게 된 후배(신입)에게는 '성공 프로세스'가 뼛속에 각인된다. '작심삼일'이 안 되는 루틴으로 만들어진다는 뜻이다. 사업을 창업한 사업가 입장도 마찬가지다. 마음속에 있는 성공 방식을 몸이 기억하고 저절로 그 프로세스를 수행하도록 '오토매틱 세일즈 바디'로 만들어야 한다. 저절로 5시에 일어나 하루를 준비하는 세일즈의 첨병인 조직의 리더가 되어야 한다.

영업 조직을 만드는 사람이라면 구성원이 한 명씩 늘어나며 회사의 모습을 갖춰가는 과정에서 올바른 루틴을 가진 구성원이자 분신과 같은 직원들을 만들어가야 한다. 이는 앞에서 언급한 '수신제가치국평천하'를 이뤄나가는 과정이 될 것이다. 조직(회사)의 리더라면 사업 초기에 자신과 일체감을 이루는 핵심 멤버를 양성하고, 그들이 조직 규모를 키워가는 원동력이 되도록 성장시켜야 한다. 이것이 사람을 키우는 과정이며, 앞서 언급한 '리텐션'의 요소라고 볼 수 있다.

# 목표를 세상에 알리고
# 강박의 세계로 들어가기

각종 SNS를 보면 화려한 삶들로 가득하다. 나는 세일즈맨이라서 그런 현상 자체를 그저 '마케팅의 일환', 또는 '포장 기술자의 표현' 정도로 본다. 그런 현상에 내가 동요할 필요는 없다. '남의 떡이 커 보인다'라는 말처럼, 타인의 화려한 SNS를 보면서 내가 우울감을 가질 필요는 없다. 다 좋은 일만 잘 포장해서 올리는 것이다.

이런 SNS의 세상에서 나는 오히려 실행하려고 하는 계획을 크게 공표하라고 제안하고 싶다. 나는 SNS를 나의 개인 목표를 공표하는 '브리핑의 장'이자 일기장처럼 사용하고 있다. 어떤 목표를 세우면 내가 운영하는 각종 SNS에 그 목표를 종류별로 올린다. 내 각오를 올리는 것이다.

예를 들어, 지금 타이핑하고 있는 이 책은 4월 말에 내 글쓰기 채널(작가 노창희의 SNS)에 올린 글이다. '8월 말까지 원고를 완성하고 연내 출판할 것이다. 늘 8월 말, 12월 말이라는 시간적 한계를 생각하면서 하루하루를 살고 있다'라고 생각하며 스스로 약하게라도 강박을 만들어주고, 틈만 나면 한 줄이라도 쓰려고 노력하고 있다. 지금도 2025년 6월 30일 월요일 오전 6시 45분, 사무실에 일찍 출근해서 타자를 치고 있다. 아마 7시에 회사 1층 스타벅스가 오픈하면 내려가서 에스프레소를 마시면서 7시 40분 정도까지 책을 쓸 텐데, 이 정도 시간이면 A4 1~2페이지 정도는 충분히 쓸 수 있다. 일주일에 5일 동안 새벽마다 2페이지를 쓰면 10페이지나 된다.

보통 책이 나오려면 A4 용지로 약 120장이 필요하다. 매일 출근을 일찍 하면, 평일 기준 한 달에 40페이지를 쓸 수 있다. 우리에게는 한 달에 8번의 토요일, 일요일이 있으니, 주말마다 10페이지를 쓸 수 있을 것이다. 이 숫자를 합치면 일주일 기준으로 20페이지를 쓸 수 있다. 한 달이면 80페이지다. 책 한 권 원고를 쓰는 데 두 달이 걸리지 않는다.

나는 이런 과정을 SNS에 꾸준히 올린다. 지인이나 독자들에게 보여주려는 것도 있지만, 동시에 내 책이 연말에 나오면 많이 사주길 바라며 기대심을 불러일으키려는 마음도 있다. 매사 모든 일을 영업 행군처럼 생각하는 것도 꼭 좋은 것은 아니지만, 평생 그렇게 살다 보니 뇌가 이미 '강박 세팅'된 것 같다.

이러한 강박은 내가 이야기한 시간의 한계를 지키게 만들어주는 효과가 있다. 그런데 이런 한계를 거는 강박은 책 쓰기에만 해당할까? 아니다. 모든 일상에서 가능하다. 일에서도 가능할 것이다. 물론, 일은 여러 가지 변수로 인해 100% 지키기 힘들지만, 느려지게 만드는 장애물들이 나타날 때마다 어떻게 든 방법을 찾아내 전진시킬 수 있는 에너지를 당신은 이미 가지고 있을 것이다.

재미있는 것은 어떤 목표를 세상이 다 알게 공표하고, 이러한 과정을 늘 공유하는 사람은 주변에서 항상 대견하게 생각하고 응원해준다. 이러한 사람에게는 힘들 때 '은인'이 나타나는 법이다.

'나는 2026년 6월 20일까지 (  )을 하겠다.'
이런 계획을 세상에 알려보자!

지키지 못할 수도 있지만, 당신이 그 목표를 향해 전진하는 것을 멈추지 않는다면, 반드시 '진척(進陟, 일이 목적한 방향대로 진행)'이 있을 것이다.

뭐든 100% 흐지부지되는 결과는 아닐 것이다. "Something better than Nothing(없는 것보다는 낫다)"라는 말도 있지 않은가! 개인사에서도 마찬가지다. "나는 언제까지 대학원을 입학하겠다", "나는 언제까지 집을 사겠다", "나는 언제까지 결혼하겠다" 등, 남들 보기에는 '그렇구나!' 하고 관심 없을 것들도 당신이 세상에 공표하고 목표를 향해 전진하다 보면 무언가 이루어질 것이다.

대학원에 다니고 있을 것이고, 집은 못 샀더라도 좋은 전셋집으로 이사라도 했을 것이고, 결혼을 못 했더라도 애인이라도 생기지 않을까? 나는 그렇게 믿는다. 사람은 정말 대단하고 오묘한 존재다. 전체 몸무게의 3%도 안 된다는 '뇌'를 어떻게 사용하는가에 따라 그 뇌는 엄청난 결과를 만들어준다. 나는 오늘 40분 동안 스타벅스에서 2페이지의 글을 썼다. 이제 7시 40분이니 사무실로 올라가야겠다. 2페이지의 '진척'이 있었다(하하하).

28년 동안 나는 영업 사원이었지만 내가 다녔던 회사에서 영업 조직을 만들고 관리하는 역할을 '운 좋게' 병행할 수 있었다. 내 첫 직장의 회장님께서는 내가 부동산을 업으로 하는 데 정신적인 세팅을 많이 해주신 분이다. 부동산 중개 법인 같은 영업 조직은 어떻게 만들어서 어떻게 키워나가야 하는지 그 성공 포인트를 28년간 줄곧 지켜보고 나 역시 만들어가는 과정의 연속이다. 중개법인을 만들어주고 성장시키는 '창업 컨설팅 일'도 지속했고, 내 팀을 팀 빌딩(Team Building)하기 위해서도 애를 썼다. 앞서 이야기한 '리크루팅'이라는 영업 조직의 성공 법칙 첫째 원칙의 실천으로, 영업 조직의 리더는 리더 자리에 있는 동안 계속 '좋은 인재의 발굴'을 게을리하면 안된다.

일반 영업 사원은 자신의 영업 실적만 생각하면 되지만, 자기 사업을 하는 CEO, 리더라면 개인 실적이나 매출만 생각하면 안 된다. 인원을 늘림과 동시에 늘어나는 인원 각각의 실력별 예상 매출을 합산해 목표 매출이 실제 실현되도록 매니징해야 한다. '나만 잘 벌어서는 동네에서 돈 잘 버는 공인중개사 사장님'은 될 수 있어도 '부동산 회사 사장'은 되지 못한다. 비록 지금은 직원 없는 나 혼자만의 1인 공인중개사 사무실 창업이라 할지라도 단기, 중장기 로드맵은 갖고 시작해야 한다. '비전'과 같은 거창한 표현은 하지 않더라도, '꿈'을 보여주지 않는 사람 곁에는 다른 사람이 모이지 않을 것이다.

부동산을 처음 시작할 때를 떠올리면, 내가 막내였던 시절, 우리 팀은 늘 돈에 쪼들렸다. 회사에 다니면서도 아르바이트를 해야 했지만, 막상 고객을 만날 때면 "우리 회사는 크고, 좋고, 잘합니다"라고 좋은 말만 골라서 했다. 고객들도 반쯤은 의심했겠지만, 그렇게 열정적으로 매달리니 속는 셈 치고 '건물을 채워봐라! 팔아봐라!' 하고 의뢰를 주셨던 것 같다.

사실, 이다음이 중요하다. 일단 기회를 얻으면 그다음에는 고객의 의심을 불식시켜드려야 한다. 실력은 기본이고 몸빵도 잘해야 한다. 여기서 몸빵은, 잘못 산 부동산에 내가 들어가서 산다는 그런 의미가 아니다. 실력 이외에 몸으로 보여줄 수 있는 능력을 의미한다. 예쁘게 표현하자면, 성실함이다. 목적 달성을 위해 할 수 있는 것을 모든 해야 하는 성실함이다. '투지'와 같은 표현이라고 할 수 있을 것이다.

헬스클럽 등에서 운동은 엄청나게 하고 군대도 해병대를 다녀왔는데 영업은 엉망진창으로 하는 사람들을 많이 봐왔다. 세일즈를 통해 수익을 내기 위해서는 몰입하는 정신력이 바탕이 된 체력이 필요하다. 이는 그냥 몸이 좋은 것과는 굉장히 다르다. 아예 다른 영역의 체력이다. 해내고야 말겠다는 정신적 '강박'의 한 종류다. 힘이 하나도 없어 보이는 사람이라도 무언가 해내는 사람들이 많다. '안 하면 안 된다고 생각하는 사람'과 '아니면 말고라고 생각하는 사람'의 끝은 완전히 다르다.

무언가 세상을 향해 보여주겠다는 정신의 소유자여야 한다.

사람 마음은 다 나약하고 대부분의 사람이 게으르다. 그래도 누군가는 새벽에 출근하고 야근하고 소처럼 일한다. 그들이 특별한 것이 아니다. 안 벌면 안 되는 환경일 것이다. 아니, 그런 환경을 일부러라도 만들어야 한다. 어차피 이룰 나의 미래 성과라고 허풍만 떨지 말고 그런 목표를 세상에 알리자. 지속해서 알리자. 그러면, 딱! 두 가지 결과만 나온다. 거짓말 허풍쟁이로 낙인이 찍히거나 창피해서라도 이뤄내거나 둘 중 하나다. 하지만 돈을 못 벌면 큰 사달이 나기 때문에 그 환경이 정신력으로 한계를 돌파하는 세계로 스스로를 이끌 것이다.

# 천릿길도
# 한 걸음부터

모든 일에는 '처음'이 있다. '언제 저 일들을 끝낼 수 있을까?' 하고 한숨이 저절로 나오는 상황도 나중에 지나고 보면 '어떻게 했을까?' 싶어질 때가 있다. 이러한 경험은 누구나 있을 것이다. 고등학교 3학년, 학기 초에 받았던 스트레스와 답답함이 대학교에 입학하는 1년 후에는 '이상한 추억'처럼 느껴지는 '인고의 착각'처럼, 모든 끝은 시작이 없으면 일어나지 않는다. 심지어, 당시에는 죽을 듯 힘들어도, 어떤 성과를 맛본 후에는 '단맛'으로 느껴지게 된다.

천하무적 부동산이 되기 위해 공인중개사 자격을 취득하고 회사(중개법인, 공인중개사 사무실, 취업)를 창업한다고 생각해보자!

당신의 첫날은 어떨지 상상해보자!

'언제쯤 자리를 잡을 수 있을까?', '언제 억대 연봉(수익)을 넘길 수 있을까?', '언제 직원 5명을 넘겨 팀을 구성할 수 있을까?', '언제 사무실을 확장 이전할까?' 하는 고민뿐만 아니라 회사 시스템을 갖춰야 하는 시기, 자체 교육 프로그램을 준비할 방법이나 비용, 1~3년 차 단기 중장기 사업 성장 계획 등 생각해야 할 많은 것들이 당신을 기다리고 있다.

안 하면 안 되는 계획들인데 이것도 시기가 맞아야 한다. 전체 로드맵 중에 나의 지금 시점에 맞는 계획을 달성하기 위해서는 단계별 액션 플랜을 실행해야 한다. 아마도 처음 시작할 때는 열심히 하면 할수록 힘들고 막연하고 스트레스가 극한으로 치달을 것이다. 하지만 처음 어떤 일을 시작했을 때, '죽을 만큼 힘들다'면 제대로 되고 있다는 방증이라는 것을 잊지 말자!

내 경험을 한 가지 이야기해보겠다. 국민학교 시절, 쉬는 시간이 되면 우리 반 60명 중 절반이 넘는 남자애들 대부분은 운동장에 공을 차러 나가곤 했다. 나는 운동장보다는 교실에서 연습장에 자동차 그림 그리는 것을 좋아했다. 그렇게 초등학교를 졸업하고 중학생이 되고 고등학생이 되면서 진로를 고민하던 나는 자동차 디자이너가 되고 싶었다. 당시 나는 오랜 기간 매월 자동차 잡지들을 사 모으고, 자동차 회사들을 찾아다니면서 받아온 자동차 카탈로그들을 스크랩했다. 어떤 경우에는 책을 분철해서 자동차 모델별로 클리어 파일에 정리하기도 했다. 다 읽은 잡지를 다음 달 잡지가 나올 때까지 읽고 또 읽었다.

자동차 잡지 끝에는 자동차별 제원이 나오는데, 어떤 차 길이가 몇 미터인지, 배기량은 어떤지, 값은 어떤지 등을 달달 외웠다. 어떤 날은 자동차 카탈로그를 가위로 마구 오려서 종이 상자에 그 조각들을 뒤섞은 후, 제비뽑기하듯이 한 조각씩 꺼내면서 '이 사이드미러 조각 사진은 1985년 산 벤츠 E230의 사이드미러다' 이런 식으로 혼자만의 퍼즐 맞추기 연습을 했다.

자동차의 카탈로그나 자동차 잡지 속의 신차 사진을 보면서 스스로 터득하게 되는 것이 있다. 그것은 어떤 패턴과도 같은 것이다. 벤츠와 BMW의 특징이 다르고, 독일 차와 일본 차의 특징이 다르다. 이런 패턴을 알게 되면, 아예 처음 보는 차의 실내 사진만 봐도 그 패턴을 생각하면서 이 차가 미국 차인지 독일 차인지, 포드인지 아우디인지를 추측할 수 있다.

이런 마인드로 부동산을 해야 한다.
이런 마인드로 리크루팅을 해야 한다.
그리고 이런 마인드로 사장을 해야 한다.

건물은 자동차 패턴을 익히는 것보다 어렵다. 같은 빌딩은 하나도 없다. 물론, 패턴이나 건물의 자산 관리 스타일을 보고 미루어 짐작할 수 있는 포인트는 있지만, 그럼에도 어렵다. 그래서, 처음 어느 동네에서 1등 부동산 회사를 만들겠다는 초보 부동산 회사 CEO는 준비할 것이 많다. 우선은 사장 스스로 동네에서 장사(부동산 사업)할 준비를 마쳐야 한다. 영업 재료(사업 계획 수립, 고객, 물건 데이터, 고정 물건 확보, 우수 인재인 영업 사원 확보, 신입 영업 사원 교육 프로그램, 경력자 성장 프로그램, 각종 회사 소개서 및 문서 양식, 광고 · 홍보 계획 수립 및 채널 확보 등 끝이 없다)를 확보하고 창업한 이후에 합류하는 멤버들이 자신의 패턴을 똑같이 익히게 만들어야 한다.

그리고 인재 양성 과정에서 사장의 패턴을 복제한 영업 사원들이 신입 영업 사원이 입사할 때마다 이 패턴을 신입의 뼛속에 복제·주입시켜줘야 한다. 이나모리 가즈오 회장님의 아메바 경영처럼 어느 순간이 되면 복제의 속도를 높이고 조직의 규모를 키워야 한다.

세일즈 성공의 2:8의 법칙은 영업에도 냉정하게 적용되기 때문에 창업 후, 어지간해서는 망하지 않는 영업 조직(부동산 회사)을 만들기 위해서는 100명 정도의 영업 사원이 필요하다. 먼 이야기처럼 생각될 수 있다. 물론, 5명, 10명인 부동산 회사라고 망할 수 있다는 뜻은 아니다. 수준 높고 매출 높은 영업 사원이 평균적으로 발생시키는 수익은 연간 2~5억 원 정도다.

외국계 자산관리 회사나 부동산 기업의 1인당 생산성, 매출 목표를 조사해 평균을 내어보면 연간 매출 목표에서 1인 매출을 2~3억 원 정도로 잡는다. 5명이 연간 3억 원을 목표로 한다면, 15억 원 정도인데 15억 원 중 인건비나 조직(회사) 운영을 위한 각종 비용(사무실 운영비, 광고비, 각종 공과금과 간접비 등)을 감안하면 회사 수익은 3~4억 원 정도 남을 것이다. 아주 긍정적으로 잡은 수치다. 그런데 누군가는 매출 목표 달성을 못 하거나 1년을 견디지 못하고 퇴사하게 된다. 누군가의 매출에 회사가 좌지우지되면 안 된다. 2:8 법칙상 5명 중 1명만 제대로 매출을 올리게 되는데, 그 1

인이 사장이라면 더욱 곤란하다.

지난 28년간의 팀 빌딩 과정을 돌이켜보면, 내가 몸담은 회사에서 나는 영업 사원이기도 하지만, 늘 영업 조직의 확장에 가장 중요하다고 할 수 있는 트레이닝을 담당했다. 앞서 언급한 세 가지 영업 조직의 성공 팩트인 리크루팅, 리텐션, 터미네이션 업무와도 늘 함께였다. 영업 사원(공인중개사, 부동산 컨설턴트, 에이전트 – 개인적으로는 에이전트라는 단어를 가장 좋아한다)이 50여 명 넘어가는 시점, 100명이 넘어가는 시점을 겪으면서 최대 300~400명 규모까지 확장되는 조직을 지켜봐왔다. 전체 인원이 50명일 때의 매출, 100명일 때의 매출 변화는 상당히 재미있다. 2~3배 정도로 증가한다. 50명일 때 고수익을 내는 에이전트가 10명이라면, 100명일 때는 20명 정도가 고소득을 낸다. 나머지 80%는 벌었다 못 벌었다를 반복한다.

내 고민은 나머지 80%를 교육과 코칭을 통해 상위 20% 수준으로 끌어올리는 것이었다. 그런 고민의 발현으로 새벽 시간이나 저녁 시간, 심지어 주말에 실적 저조자와 신입을 위주로 다양한 코칭 클래스를 열었다. 아이러니하게도, 그 과정을 통해서 내가 가장 많이 배웠다. 하지만 슬프게도 그런 과정을 통해서 발전하는 에이전트도 분명 있기는 했지만, 2:8의 비율을 4:6처럼 바꾸지는 못했다. 물론, 다른 회사의 관리가 안 되는 80% 인력들보다는 우수하게 학습된 인력으로 변화했지만, 상위권으로 많은 인원을 끌어 올리지 못했다. 이런 활동을 지켜보시던 당시 보스(회장님)는 나에게 이런 가르침을 주셨다.

"시간의 활용이나 트레이닝에 투입하는 에너지를 상위 20%를 중심으로 맞춰라! 하위 80%에 신경을 쓰면 상위 20%는 회사를 떠난다. 먼저 질문하지 않는 사람에게 답을 주지 마라! 배고프지 않은 사람에게 먹을 것을 주지 마라!"

못하는 사람을 발전시키려고 하지 말고, 잘하는 사람이 더 잘할 수 있도록 더 상위 레벨의 교육을 강화하고 회사의 에이전트 대상 혜택(직원 혜택, 복지 등)도 모두 상위 레벨에 맞춰라! 하위권에 신경을 쓰면 효과도 별로 없고 그런 회사의 잘못된 노력을 지켜보는 상위권의 불만을 사서 이들이 퇴사하게 된다.

부동산인 주택, 빌딩에도 생애주기가 있듯이 입사한 신입 영업 사원도 생애주기를 가지고 있다. 몇 달 만에 퇴사하는 사람이 있는가 하면 수년, 수십 년이 지나도 부동산 영업을 하는 사람이 있다. 심지어 매출도 계속 오르는 경우가 많다. 신입 때처럼 열심히 일하는데 실력까지 향상되고 있으니 당연한 결과다. 이러한 오래갈 상위권 멤버들의 성장에 회사의 포커스를 맞추는 것이다. 이 마인드가 '리텐션'의 기본 마인드여야 한다.

최근 친한 부동산 중개법인 대표님께서 나에게 이런 질문을 하셨다.

**대표님 : 요즘 너희 회사 매출이나 인원이 많이 늘어나고 있다는데, 우리 회사는 매출이 제자리걸음이라 걱정이다. 어떻게 하면, 너희처럼 급성장시킬 수 있겠냐?**

나 : 지금 영업 사원이 몇 명이세요?

대표님 : 10명 정도 있지.

나 : 그럼, 빨리 20명으로 늘리세요! 10명이면, 아마 사장님하고 1명만 매출을 올리고 있지 않나요?

다시 한번 강조하자면, 영업 조직 경영 전반의 모든 포커스는 상위 20%에 맞춘다. 고소득자를 성장시키고, 저소득자는 회사 시스템 따르면서 스스로 상위권에 들어오도록 유도해야 한다. 스스로 상위권에 들어오지 못하는 영업 사원은 자연적으로 퇴사하게 된다. 어쩔 수 없다. 오히려 빨리 퇴사해서 본인에게 맞는 일을 찾는 것이 그 사람의 미래를 위해 낫다. 맞지 않는 직업과 헤어지게 만들어주는 것은 그 사원의 미래의 행복을 위한 일이라고 생각한다.

부동산 영업 측면에서 구체화해서 이야기해보자면, 처음 일을 시작해서 2~3개월 안에 '감'을 잡아야 한다. 첫 계약도 스스로 해야 한다. 신입 교육 시스템이 있는 회사나 도제식으로 선배에게 배울 수밖에 없는 맨투맨 전수 방식의 회사라고 하더라도 두세 달 안에 전문가는 되지 못하더라도, 최소한 '돌아다닐 능력'은 갖춰야 한다. 그렇지 않다면 문제는 심각하다. '감'을 잡는다는 것이 굉장히 어려운 것이 아니기 때문이다. 평생을 새로 들어오는 후배들을 가르치면서 내가 느끼는 것은 반년 가까이 '감'을 못 잡는 사람들에게는 공통점이 있다.

그들은 '말'을 듣지 않는다.

시키는 대로 하지 않는다.

나는 코치로서 절대 일 외에 다른 것들을 강제로 시키지 않는다. 가장 빠른 길을 가르치지만, 자꾸 옆을 돌아보면서 관광(딴짓)을 하려 한다.

영업의 행군은 때로는 내 발끝을 보면서 묵묵히 전진만 해야 할 때가 있다. 그 시간이 생각보다 오래 걸리지 않음에도 그 정도를 인내하지 못하고 주저앉아 경치를 즐기는 사람은 절대 산 정상에 오르지 못한다. 경치를 즐기거나 휴식을 하는 시점은 따로 있다. 정상 직전의 '깔딱 고개'에서다. 그 전에 쉬면 안 된다.

영업 조직을 이끄는 사장, 리더는 이러한 마인드로 조직을 경영해나가야 한다. 힘들더라도 나와 같은 마인드인 사람을 만들어나가고 늘려나가는 과정이라고 생각해야 한다. 절대 쉬운 일이 아닌 것을 지금 이야기하고 있는 것도 사실이다.

하지만 해야 한다.

당신이 이 책을 읽으면서 얻으려고 하는 목적을 위해 이런 마인드가 필요하다. 당신의 선택은 당신 혼자만 멋진 영업인 되려는 것이 아니라 멋진 영업인을 만들고 관리하고 키워 '조직'의 정점, 꼭짓점이 되려는 것이기 때문이다. 그리고 선택해야만 한다. 넘어지지 않는 자전거, 마르지 않는 수익의 샘, 내가 멈춰도 굶지 않는 시스템은 규모의 경제에서 나온다. 앞서 강조한 2:8의 법칙도 그와 같은 맥락이다.

2:8의 법칙을 공감해 시작했고 열심히 하고 있는데 잘되고 있는 것인지 자신에게 의심이 들고 마음이 답답한 상황이라면 사실은 잘하고 있는 것이다. 첫술에 배가 부르지 않듯, 성과는 한 번에 나타나지 않는다. 풍선에 바람을 넣을 때처럼, 바람이 차오르는 과정에서는 압력 때문에 힘들고 불안하지만, 조바심을 내다 보면 결국 터져버린다. 반대로, 바람을 너무 적게 넣으면 풍선은 부풀지 않는다.

이 책은 앞서 머리글에서도 언급했지만, 개인으로 영업 실적을 높이는 '전문가 1인 성공 방법'에 관한 책이 아니다. 부동산 중개법인을 만들고 키워나가는 과정에 대한 이야기다. 부동산 회사의 대표는 늘 앞서 언급한 세 가지, 리크루팅, 리텐션, 터미네이션이라는 관점에서 영업이 아니라 경영을 해야 한다. 당연히, 모든 일상이 이 세 가지에 초점이 맞춰져 있어야 한다. 멈추지 않는 '부동산업'의 수레바퀴를 만들어나가는 과정이다. 그러려면 다음 장에서 이야기할 '통계'로 이기는 힘을 반드시 명심해야 한다.

# 엄청난 실력을 이기는
# 통계의 힘

헤드헌터는 아니지만, 리크루팅을 해야 한다. 트레이너, 교육자는 아니지만, 리텐션을 해야 한다. 인사 팀장은 아니지만, 터미네이션을 해야 한다.

신입 영업 사원을 교육할 때, 수시로 거의 매일 하는 말이 있다.
"어제 몇 명 만났어요?"

영업 조직을 경영하는 당신에게도 동일한 규칙이 적용된다.
"어제 몇 명에게 입사를 권유했나요?"

영업 사원은 '가망 고객'을 만나는 숫자가 중요하고, 영업 조직의 리더는 '가망 고객을 만나는 숫자 + 가망 입사자(스카우트 대상자)를 만나는 숫자'까지 카운트해야 한다. 저자인 나 역시, 영업 조직의 대표 업무를 하고 있기 때문에 일상의 중요 업무 중 하나가 '같이 일할 유능한 인재'를 만나는 것이다.

다른 회사에서 잘하고 있는데, 같이 일하자고 했을 때 한 번에 바로 '좋다'고 승낙하는 사람은 별로 없다. 그러니 이런 거절 자체가 당연하다고 생각하며 일해야 한다. 실력이 좋아서 좋은 성과가 나오기도 하지만, 많은 접촉량이 좋은 성과를 낸다. 신입 영업 사원이 일을 시작한 지 1년도 안 된 시기에 괄목할 만한 성과를 내는 경우도 있지만 타고난 영업인은 생각보다 많지 않다. '일정 수준의 높은 매출을 내는 신입 사원'은 인위적으로 만들어지는 것이다. 같은 이치로 부동산 회사(중개법인)를 창업해서 '인위적'으로도 얼마든지 단시일 내에 창업한 지역에서 상위권 부동산 회사로 올라설 수 있다. TOP이 되는 것은 또 다른 이야기지만, '어느 정도'까지는 노력만으로도 가능하다.

나는 늘 '부동산업'을 찬양한다. 스스로 너무 좋은 직업이라고 생각한다. 다만 반드시 '특별한 투자'를 해야만 한다. '몸빵'을 해야 한다. 자신의 시간과 노력을 태워야 한다!

이상한 투자 광고 문구 같지만, 큰 '노력'이 수반되어야 한다. 금전적인 큰 투자는 아니지만, 특별한 투자로 큰 수익을 창출할 수 있는 작업 중 하나이기 때문이다. 돈이 많은 사람도 이 '특별한 투자'를 하지 못하는 경우가 많은데 '어떻게든 해내겠다는 의지'가 있는 사람이나 인생을 전환하거나 돈을 안 벌면 안 되는 환경에 놓인 사람은 이 특별한 투자를 실행한다.

나 역시 이런 투자 의지가 있는 신입이나 업계 경력자를 찾아다닌다. 이 책은 그런 사람들을 모아서 드림팀을 만들고자 하는 영업 조직의 리더 (사장, CEO, 대표 공인중개사 등)를 위해 쓴 책이다. 이 '특별한 투자자'를 찾는 과정이야말로 영업 조직 성공의 3원칙 중 가장 중요한 '리크루팅'의 핵심이다.

# 서울대를 나오지는
# 않았습니다만

이번에는 '특별한 투자'에 대해 이야기해보고자 한다. 돈으로 살 수 없는 것을 비즈니스에 투입하는 이야기다.

커피숍을 예로 들어 이야기해보려고 한다. 거리를 걷다 보면 한 건물 건너 하나씩, 때로는 한 건물에 여러 커피숍이 영업하고 있다. 가끔은 돈 많은 건물주가 커피숍을 본인 건물에 입점시키고 싶어 하거나 그냥 커피숍을 하는 것처럼 운영하는 '수익 무관' 커피숍도 가끔 있기는 하지만, 보통은 커피라는 상품을 판매하고 그 수익으로 '생활'을 하려고 하는 자영업자분들이 더 많다.

여기서 하나, 우스갯소리를 해보겠다.
예전에는 학창 시절 공부를 잘했든 못했든 은퇴 후에는 치킨집을 한다는 말이 있었다.

"스카이 졸업 후, 평생 대기업 근무 그리고 치킨집,
스카이 졸업 후, 평생 공기업 근무 그리고 치킨집,
일반대 또는 지방대 졸업 후, 평생 직장 생활 그리고 치킨집,
고등학교 졸업 후, 사회 진출 후, 평생 열심히 살고 치킨집"

이 치킨집이라는 자영업의 상징과도 같은 단어에 요즘은 '커피숍'이 포함되었다. '공인중개사무소'도 한몫한다. 그나마 부동산 창업이 초기 투자금이 가장 적게 들고, 자리를 잡으면 돈도 제일 많이 번다. 그러나 세상에 공짜는 없다. 프랜차이즈라는 껍데기를 뒤집어쓰고 은퇴자의 돈을 노리는 회사들도 많다. '노린다'는 표현이 거칠게 들릴 수 있지만, 현실적으로 많은 사람이 자신의 노력은 투입하지 않고 가맹 본사만 탓하다가 망한다. 그렇게 2~3억 원은 우습게 날린다.

사실 프랜차이즈는 가맹하는 가맹점주에 따라 성공과 실패가 좌우된다. 어디 가맹해서 장사한다고 해서 100% 성공이 보장되는 경우는 없다. 매장마다 매출이 다르고, 흥망성쇠를 반복한다. 프랜차이즈에 가맹하는 창업자들에게는 노하우 습득, 재료 등의 공급망 확보 용이 등 다양한 이유가 있는데, 상당히 많은 가맹점주가 하는 실수가 있다. 본인이 선택한 업종에서 본인이 우뚝 설 수 있어야 한다. '브랜드'나 '시스템' 같은 것은 어디까지나 보조 수단이나 확장 수단이어야 한다. 브랜드를 달고 영업한다고 저절로 영업이 되는 것은 아니다. 브랜드 파워가 나타나려면 우선 내

가 바로서야 한다.

치킨 프랜차이즈인데 치킨 만드는 것을 제대로 배우지 않거나, 부동산 프랜차이즈인데 회사의 노하우와 브랜드를 제대로 활용하지 못하면 안 된다. 물론, 가맹 본부도 오너의 성향에 따라 다르겠지만, 제대로 안 가르쳐주거나 가맹비, 로열티 등 가맹점과의 상생보다는 '돈벌이 수단'으로만 생각하는 경우도 조금은 있을 것이다. 요즘 사회에서 종종 이슈가 되는 사례들이다.

### 제대로 배운다는 것!

제대로 배우기 위해서는 앞에서 이야기한 '특별한 투자'가 필요하다. 바로, '배우고자 하는 사람의 열정'이다. 노하우를 훔쳐서라도 내 것으로 만들려고 하는 배움의 욕망, 배울 때까지 놀 생각을 하지 않는 몰입의 열정, 하루 24시간의 대부분을 배움에 투입하는 마음 등 이런 것이 특별한 투자다. 돈 대신 투자할 것은 당신의 '시간'과 '땀'이어야 한다. 커피숍 하나를 오픈하는 데 필요한 돈을 생각한다면 적당히 열심히 해서는 수억 원의 돈에 걸맞은 '열심'은 아닐 것이다.

세상에는 적당한 노력 대비 대박, 이런 것은 없다. 그런 것을 기대한다면 '도둑놈 심보'다. 심지어 꼭! 배워야 하는 기술이 있다면, 곁눈질로 습득한 후, 완성도를 높이기 위해 스스로 밤낮 가리지 않는 수련이 필요하다. 또한, 경우에 따라서는 노하우를 훔치는 기술도 필요하다(진짜 훔치라는 뜻은 아니다). 훔치는 기술은 실제로는 '복사(COPY)'라고 표현하는 것이 더 맞을지도 모르겠다. 흉내를 내다 보면, 그 흉내 내기조차 숙련되고, 자연스럽게 품질도 올라가기 때문이다.

### 고민에 고민, 노력에 노력!

스스로 터득하는 사람도 많지 않은가? 이런 노력을 하는 중에 귀인이라도 만나면 시간이 단축될 수도 있다. 노력하는 자를 주변에서 알아보거나 본인을 가르쳐줄 사람을 찾아내기도 한다. 앞선 사람을 찾아 길을 따라가고 그 길을 따라가다 보면 어느 순간 내가 앞선 자보다 속도가 빨라질 때가 있다. 후발 주자가 선발을 앞서는 일은 세상살이에서 결코 드문 일이 아니다.

이쯤에서 '부동산 중개'라는 직업의 장점을 짚고 넘어가야 할 것 같다. 이 직업의 장점은 앞서 이야기한 소자본 또는 무자본 창업이면서 고소득 가능 직업이라는 데 있다. 투자는 돈 대신 '창업자의 노력과 시간'이다. 내가 어떻게 하느냐에 따라서 '인생 전환'을 할 수 있을 정도의 '돈'도 벌 수 있는 직업이다. 물론, 타인의 재산을 다루는 직업이다 보니, 계약하는 영업 스킬뿐만 아니라 전문 지식에 관한 공부도 끊임없이 해야 한다. 이론적으로 좋은 학력과 다양한 전문 지식을 갖춘 사람이 '영업적 마인드와 행동력'까지 높다면 '천하무적'이 된다. 이길 수가 없다.

그런데 재미있는 것은 가방끈이 길다고 모두 고소득을 올리지는 못한다. 2%가 부족한 경우가 이에 해당한다. 고객에게 수준 높은 분석력과 비즈니스 매너, 좋은 매물 데이터가 있는 공인중개사라 할지라도 원천적으로 고객을 찾아내는 '영업력'이 없는 사람은 실적이 제자리걸음이다. 성능 좋은 신차를 택시로 출고해놓고 항상 차고지에 세워두는 것과 같은 이치다. '고객'이 있는 곳으로 고객을 찾아서 나설 수 있는 '행동력(영업력)'이 공인중개사가 성공하기 위한 최고의 덕목이다. 0순위다!

# 수련에는
# 시간 제한이 없다

앞에서는 사업가의 자세, 특히 정신적인 부분을 많이 강조했다. 사업 확장을 위해, 그리고 영업 조직(중개법인)의 확대와 안정화를 위해 노력해야 하는 것은 당연하다. 그러나 무작정 노력만 해서는 안 된다. 스스로 시간적인 한계를 걸어주는 것이 필요하다. 당신은 이미 한 분야의 전문가라는 자기 확신과 실적을 가지고, '확장'이라는 목표를 세웠을 것이다. 이는 '넘어지지 않는 자전거', '굴곡 없는 평균적인 수익의 확보'를 위해 영업 조직의 대형화를 선택했다는 뜻이기도 하다.

하지만 이런 목적을 달성하기 위해 마냥 시간을 쓸 수는 없다. 시간을 보낸다는 것은 '돈'을 태우는 것과 같은 의미이기 때문이다. 3개년 사업 계획을 세우는 것은 매우 중요하다. 중개법인을 창업해서 동네 1등 부동산 공인중개사사무소로 만들기 위한 일환으로 이 책은 그렇게 되기 위해 해야 할 필수 항목에 대해 이야기하고 있다. 창업 직후라면, 3개월 차까지 완수해야 할 리스트를 만드는 것부터 시작해야 한다.

천하무적 부동산이 되려면, 매출이면 매출, 규모, 시스템에서 명실상부 동네 1등이 되어야 한다. 물론, 모든 것은 시간이 필요하다. 가장 시급한 것부터 시작해 3개월 차, 6개월 차, 1년 차, 2년 차, 3년 차의 단계별 달성 계획이 필요하다. 어떤 목표를 대전제로 내세우고 달성을 위한 계획을 세울 때, 나는 제일 먼저 브레인스토밍(Brainstorming)을 한다.

큰 종이 한 장을 펼치고, 가운데 크게 원을 그려본다.
그 원 안에 내가 3년 내 이루고자 하는 목표를 적어보자!

한 명의 영업 사원이 아니라, 고수익 매출을 내는 공인중개사 수십 명을 소속 공인중개사로 두고 운영하는 3년 후의 당신의 모습을 떠올려보자. 그것에 알맞은 단어를 찾아내 원 안에 적어봐도 좋고, 적나라하게 3년 누적 매출 50억 원, 100억 원 등의 금액을 적어보는 것도 좋다. 목표를 적어본 후에는 그 목표에 도달하기 위해 필요한 모든 것들을 생각나는 대로 종이에 적어본다. 종이에 더 이상 적을 공간이 없을 정도로 적어본다.

그리고 채용 계획, 직원 교육 계획, 교육 프로그램, 전산 시스템, 회사가 추구하는 비전이나 미션, 경영 철학, 매출 목표, 집중할 분야 등, 큰 카테고리별로 적은 내용을 모아본다. 금전적인 목표라면 달성하기 위해 3년간 첫해 년도, 2년 차, 3년 차 등 기간별로 벌어야 할 돈을 역산해보고 1인당 매출 목표가 합당한지 검산해본다. 목표가 크면 클수록 창업 초기에 해야 할 일은 어마어마할 것이다. 하지만 오랜 시간을 들여서 원하는 목표를 이루겠다는 생각으로 느슨하게 계획을 수정하지는 말아야 한다.

단련 기간, 수련 시간에는 분명 리미트(Limit)가 있기 때문이다. 나는 이 한계점을 '초심자의 운'이라고 부른다. 사업 초기의 열정과 눈빛으로만 해낼 수 있는 결과가 분명히 있다. 초심자의 운은 보통은 6개월을 넘기지 못하고 소멸한다. 성공의 완성은 시간이 걸리겠지만, 본궤도에 올리는 일은 창업 초기에 끝내야 한다. 사람은 시간이 지나면 무조건 게을러지고 건방져지기 때문이다.

그렇다면, 이 챕터의 제목을 왜 '수련에는 시간 제한이 없다'라고 표현한 것일까? 초심자의 운이 살아 있는 사업 초장기에 아예 놀 생각하지 말고 일을 몰아붙여야 한다는 의미다. IT 개발 회사의 홍길동(가명) 대표가 창업 전에 근무했던 첫 직장에서의 에피소드를 하나 이야기하겠다. 개발자로서 신입이었던 홍길동 사장은 인사팀에서 경고를 받았다고 한다. 출퇴근 기록을 제대로 하지 않아 근태 관리가 힘드니, 출퇴근할 때마다 출입 기계(보안회사의 기기)를 태그(터치, 지문인식 등)하라는 경고였다고 한다. 3개월 간 근태 체크가 안 되고 있었다. 홍길동 사장은 답했다.

"그건, 당연한 일입니다. 저는 지난 3개월 전에 출근해서 건물 밖으로 나간 적이 없습니다."

맞다! 홍길동 사장이 첫 직장에서 신입 개발자 시절에 참여했던 게임은

온 세상의 피시방, 개인 컴퓨터나 스마트폰상에서 게임한다는 사람은 대부분 하는 그 게임이다.

누가 월급 더 준다고 3개월간 집에도 안 가고 회사에서 먹고 자면서 개발했을까? 하물며, 내가 내 사업을 하는데 남들 하는 '유희'와 '나태'를 즐겨야겠는가? 남의 성공을 지켜보면서 '아! 나도 저 때 저랬어야 했는데…' 이런 말을 하면 안 된다. 신입이 신입 시절에 본인의 열정을 불태우지 않는다면 언제 열심히 하겠다는 것인지 묻고 싶다. 이 책의 가망 독자라고 생각하는 부동산 중개법인 창업자를 중심으로 한 창업자의 경우도 마찬가지다.

묻고 싶다.
"언제 열심히 하실 예정인가요?"
칼날이 살아 있을 때, 베어야 한다.

'수련'에는 원론적으로 시간 제한이 없지만, 현실에서는 제한이 있다. 그러니 사업 초창기에, 제한이 없다는 마음으로 '먹고, 자는' 최소한의 시간을 빼고는 사업에 몰입해보면 어떨까? 사업이 본궤도에 오른 후, 되돌아봤을 때 이 몰입의 시간은 그 어떤 것과도 바꿀 수 없는 성취감을 줄 것이다. 지루한 반복의 과정을 겪으면서 '과연 이것이 될까?' 하는 자기 의심 속에서도 지치지 않고 사업 세팅을 위한 가망 고객과 상품을 발굴해나가는 시간을 반드시 가져야 한다.

# Chapter 3
## 뒤돌아보지 말자

# 원하는 모든 것을
# 다 이룰 수는 없다

내가 세종대학교 공공정책대학원을 졸업한 것은 2009년도다. 나의 대학원 진학은 전진의 일환이었다. 세상에서 가장 수익률이 높은 투자는 자신을 성장시키기 위해서 쓰는 돈이다. 대학원에서 부동산 정책을 전공하면서 석사에 이어 박사코스에도 진학해서 열심히 공부했다. 박사과정이 일반 대학원이라 평일 낮에 수업해야 하지만, 박사과정 특성상 소수의 입학 정원이었고 모두 직장에 다니거나 사업을 하는 사람들이라 교수님께서 희생 아닌 희생으로 수업을 주말에 몰아서 해주셨다. 주말 아침이면 10시 정도에 학교로 가서 저녁 10시까지 있는 날이 허다했다.

그러던 중, 학위 논문을 써야 하는 학기에 지도 교수님이 정부 관료로 임명되면서 잠시 공석이 생겼다. 나는 그 공백을 핑계로 공부를 소홀히 했고, 결국 논문을 완성하지 못한 채 2015년에 '수료자'로 과정을 마쳤다.

10년이 지난 지금도 무언가 미완성시켰다는 마음에 죄책감을 느끼고 있다. 심지어 나는 모교인 세종대 옆에 살고 있어 매일 출퇴근할 때마다 자책하고 경계하고 그리워한다.

고등학교 졸업 후, 학교에 안 다닌 시기는 박사 수료 후의 10년뿐이고 계속 학교에 다녔다. 나는 공부를 잘하진 못하지만, 늘 목마름이 있다. 멈추지 않는 갈증이다. 누군가와 함께 공부에 관한 이야기, 부동산 이야기, 일본 도쿄의 빌딩 이야기, 일본 드라마나 음악 이야기 등을 할 때 나는 늘 언제가 될지 모르지만, 도쿄로 유학을 하러 가고 싶다고 이야기한다. 이 이야기를 들은 사람들의 반응은 대부분 '에이~' 다. '굳이 지금 와서 뭣 하러'라는 반응이다.

물론, 모든 것을 다 이룰 수는 없다. 그러나 다가가려고 애써야 한다.

사업도 마찬가지다. 목표에 근접하기 위한 계획을 사업 초기에 세워야 한다. 그리고 초기에 최대한 몰입해서 정상 근처까지 끌고 가야 한다. 자! 당신은 이미 세일즈맨이다. 그것도 성공을 맛본 경험이 있는 성공한 세일즈맨(부동산 에이전트, 공인중개사)이기 때문에 창업(부동산 회사)을 결심했을 것이다. 나의 성공을 복제해 신입을 키울 계획, 채용·스카우트할 전략, 우수 경력자 확보 활동, 창업한 지역의 완벽한 숙지와 고객 인적 데이터(자산 보유가, 건물주 인적 사항·연락처, 관련 네트워크 등), 공실·매물 데이터, 신축 진행 중인 부동산이나 노후 부동산 데이터 등 영업 재료를 자신의 사업에 맞게 조사·정리해야 한다. 그리고 전산 프로그램 구입·구축으로 장기적인 관리 시스템을 갖추는 것도 필요하다.

인재와 영업 재료가 준비되었다면 다음은 마케팅, 홍보다. 가망 매수자와 임차인을 확보하기 위한 채널과 방법을 확보해야 한다. 남이 다 하고 있지만, 크게 효과가 없는, 그래도 안 하면 안 될 것 같은 마음으로 네이버 광고 등을 하면 안 된다. 물론 그것도 어느 정도 의미는 있겠지만, 그것만으로는 충분치 않다. 내가 강조하고 싶은 것은, 돈을 들여 나를 찾아오게 만드는 채널 외에도, 공인중개사(영업 사원) 스스로 고객을 직접 찾아가는 능동적인 타깃 마케팅을 반드시 병행해야 한다는 점이다.

사장은 창업 초기부터 이런 마인드를 탑재한 상태로 첫 번째 영업 사원을 입사시켜야 하고, 사장과 같은 마인드로 첫 영업 사원이 밖에서 고객을 찾는 활동을 하게 만들어야 한다. 그래야 그 이후에 들어오는 2번째, 3번째, …50번째 영업 사원도 모두 능동적인 사람으로 만들어지기 때문이다. 이렇게 사람들이 입사해 모두 능동적인 영업맨으로 성장하는 사이에 적응하지 못하거나 영업할 생각이 없는 사람들은 도태(淘汰)된다.

도태는, 말 그대로 불필요한 것들을 골라내어 버린다는 뜻이다. 즉, '부동산 영업'에 맞지 않거나 내 조직에 맞지 않을 경우, 다른 일을 하도록 권하는 것이다. 많은 부동산 중개 회사에서 흔히 볼 수 있는 현상이 있다. 같은 사무실에서 일하지만 수익 차이가 천차만별이라는 점이다. 심지어 1등과 100등의 수익이 2~3배도 아닌, 200~300배 차이 나는 경우도 있다. 내가 부동산 중개에서 재미와 도전 의식을 느끼는 것은 이런 이유다. 수익

300배의 차이는 학력, 잘생김에서 오는 것이 아니다. 아주 단순한 차이에서 비롯된다.

‘영업했느냐’, ‘안 했느냐’, 단지 이 차이다.

답이 너무 뻔해 보이지만, 그렇기에 도전해볼 가치가 있다. 나는 신입 공인중개사들에게 종종 옆자리에서 큰 수익을 내는 공인중개사를 언급하면서 이렇게 말한다.

"그도 해냈고, 그녀도 해냈는데, 왜! 당신은 못 한다고 생각합니까?"

한탕주의나 일확천금(一攫千金)을 노리는 것이 아니다.
영업인의 땀에 관한 이야기다.

이렇게 성실한 직업도 드물다. 심지어 보상이 확실하다. 목표를 크게 세워라! 그리고 실행 계획에 따라 돈을 만들어줄 재료(고객, 물건)를 확보하기 위한 활동을 이어나가면 된다. 대신, 당신은 사장(리더, 팀장 역할 등)이기 때문에 회사 차원의 ‘활동’을 해야 한다. 나만 돈 잘 벌면 되는 개인 영업사원으로서의 공인중개사 활동(Farming)이 아니라 추가적인 재료를 확보해야 한다. 사장으로서의 추가 확보 계획을 세우고 그에 맞춰 진행한다.

- 회사 차원의 수주(대형 물건, 여러 명이 협업할 크기의 자산 등)
- 지역 내 소문난 우수한 공인중개사나 영업을 잘할 것 같은 신입 직원을 찾아 스카우트하는 것

지역 내에 '우리 회사나 소속 공인중개사가 전속 수주하면 좋았을 텐데…' 하고 아쉬운 마음이 드는 부동산 자산이 있다면, 그 매물을 이미 마케팅 중인 경쟁사의 우수 인재들을 주목해야 한다. 그리고 이들이 우리와 함께할 수 있는 사람인지 꾸준히 살펴보는 활동을 멈추지 말아야 한다. 이런 이야기를 하면, 가끔 '직원 빼돌리기'라며 안 된다고 말하는 사람들이 있다. 하지만 그것은 잘못된 생각이다.

이민도 자유롭게 가는 세상이고, 국적도 바꾸는 세상이다.
심지어 이혼도 흠이 아닌 세상이다.
그런데 직장은 왜 이직하면 안 되는가?

나에게 일을 맡길 생각이 없었던 건물주와 고객에게 사고팔도록 제안해 먹고사는 직업이 공인중개사다. 나와 더 큰 시너지를 낼 지역 내 우수 영업맨에게 함께하기를 권하는 활동을 게을리하면 안 된다. 이것은 부동산 회사 사장이라면 의무적으로 해야 하는 영업 활동이다.

물론 이 역시 확률 100%가 아니고 모든 것을 내가 원하는 대로 이룰 수 있는 것도 아니다. 영업처럼 10명에게 함께하기를 제안하면 1~2명만이 관심을 두기 때문에 우수 인재를 50명 확보하겠다는 계획이 있다면 500명, 1,000명에게 메시지가 닿도록 해야 한다. 직접적 활동(입사를 제안한 타깃 인재)과 간접적 활동(각종 홍보 채널을 통한 입사 권유, 입사 지원 접수 등)을 병행해야 한다.

영업 조직의 인사 시스템은 밑 빠진 독에 물 붓기와 같다.
밑 빠진 독에 물이 넘치게 만드는 것이 사장의 일이다.

퇴사하는 공인중개사 숫자보다 신규로 입사하는 공인중개사 숫자가 많게 만들어야 한다. 영업 조직에서 퇴사의 의미는 일반 직장과 다르다. 군대 제대(除隊)와 같은 의미로 생각하자. 말 그대로 일정 기간이 지나서 소집 해제되는 그런 의미다.

보통의 영업 조직은 위촉 계약으로 일하는 사업자 형태의 조직이다. 사실 부동산 중개 회사는 정규직 채용이 어렵다. 매년 수억 원의 수익을 내는 34세 공인중개사에게 연봉 6,000만 원의 정규직 제안은 말도 안 되는 소리로 들릴 것이고, 회사 경영자 입장에서는 34살의 우수한 실적의 공인중개사라도 매년 계속 수억 원의 매출을 낸다는 보장이 100%는 아니기에 연봉 1~2억 원을 줄 수 없는 것이다.

종종 샐러리 베이스의 부동산 회사에는 영업 능력 미검증(未檢證) 상태의 부동산 직원들이 많은데, 회사 힘으로 수주된 대형 프로젝트를 자신의 능력만으로 성사시킨 것으로 착각해 고연봉을 제시하고, 영업 조직에 지원하는 경우도 있다. 하지만 이 자체가 영업을 안 해본 사람이라는 방증이다. 이렇게 부적합해서 도태되는 사람들이나 실적이 저조한 사람, 알고 보니 영업이 안 맞는 사람 등이 퇴사하게 된다.

사람은 속을 경험하기 전에는 알 수 없다. 물(인재)이 새는 것을 감안한 지속적인 물(신규 입사) 공급이 부동산 중개회사 사장의 제일 중요한 덕목이다. 퇴사에 너무 마음을 쓰면 안 된다. 오히려 퇴사는 그 사람에게 더 잘 맞는 길을 찾는 계기가 될 수 있다. 사장은 그렇게 믿고 보내야 한다.

인재는 기존 공인중개사들이 더 큰 수익을 내기 위한 예비 전력 같은 것이다. 좋은 실적을 같이 낼 수 있는 능력자들을 기존 실력자들 옆에 계속 앉히는 일이 '부동산 회사 사장의 가장 큰 영업'이 되어야 한다는 뜻이다.

영업 조직의 가장 큰 복지는 좋은 동료를 만들어주는 것이다.
이는 중개법인 사장의 최우선 업무다.

# 문밖에서 열지, 말지
# 망설이는 삶은 버리자

할지, 말지 고민이 되면 일단은 해보고 나서 후회하라고 이야기를 하고 싶다. 특히 영업의 세계에서 '망설임'은 큰 걸림돌이 된다. 우리가 일상적으로 하는 일들도 '일'과 연관되면 얼어버리는 사람들이 많다. 모르는 사람에게 처음으로 전화를 거는 콜드 콜, 가망 고객을 찾기 위해 건물이나 사무실에 처음 들어갈 때 등이 망설임이 극대화되는 순간이다. 상대방이 나를 어떻게 대할지 예측되지 않는 상황은 누구에게나 쉬운 일이 아니다.

당신은 영업 조직을 만들기로 결심했다. 이 책은 당신을 위해 쓰인 책이다. 당신의 회사, 당신의 회사에 합류하는 영업 사원, 공인중개사들이 이런 망설임의 순간에 놓이게 하지 말아야 한다. 당신은 '망설임'의 순간을 즐거움의 시간으로 만드는 다양한 방법을 연구해야 한다. 이는 비단, 처음 만나는 사람과의 전화나 만남에만 국한되는 것은 아니다.

영업 조직에서 영업 사원이 가장 스트레스받는 것들을 나열해보자.
스트레스는 어떤 활동 속에서 찾아올까?


- 고객을 처음 접촉할 때의 막연한 두려움 : 콜드 콜(전화 걸기), 처음 만나는 고객 방문
- 고객이 원하는 것을 찾는 과정에서 만족감을 주지 못할 때 : 보통 고객의 니즈(Needs)가 제대로 파악되지 않은 것이 원인인 경우
- 협상 과정에서 고객이 원하는 조건을 충족시켜주지 못할 경우 : 내가 진행하는 고객의 의견이 상대방에게 수용되게 만들기 위한 전략 필요(무엇이 계약 성사의 걸림돌인지 파악해 하나씩 제거해야 한다)


이 외에도 내 마음대로 안 되는 무수히 많은 스트레스가 존재한다.


사장의 자리에서 소속 영업 사원들이 가진 스트레스들을 종류별로 구분하고, 그에 맞는 '스트레스 해소법'을 사내에 적용할 필요가 있다. 예를 들어, 고객과 약속을 잡기 위해 텔레마케팅을 해야 할 때, 영업 사원들은 상당한 압박감을 느낀다. 특히 신입의 경우에는 막연한 두려움에 휩싸인다. 영업 조직을 운영하는 중개법인 사장의 입장에 특화해 이 상황을 해결할 방법을 생각해보자!

첫 번째는 교육의 강화다.
영업 사원들이 어떤 고객, 어떤 상황에서도 두려움을 느끼지 않도록 대본을 만들어 연습하도록 한다. 회사가 고객과의 특정 상황을 가정한 기본

스크립트를 교재로 만들면 더욱 효과적이다. 이를 토대로 교육을 진행하고, 영업 사원끼리 교차해 역할 놀이(Role Play)를 하게 한다. 정제된 멘트를 기반으로 고객 대응력을 이론적으로 정립하고, 이 멘트들이 실전에서 자연스럽게 나올 수 있도록 반복 훈련한다.

바둑, 장기나 테니스, 탁구처럼 상대방이 있는 경기에서 처음 서비스(서브)를 넣는 상대방의 수를 읽고 대응하는 프로 선수처럼, 영업에서도 프로 선수가 되기 위한 연습은 필요하다. 이 연습에 들인 시간과 노력만큼 실전 영업의 성과는 정비례할 것이다(강한 우상향의 정비례).

두 번째는 교육에 재미를 더하는 것이다.

앞서 언급한 '콜드 콜' 교육을 마치고 나면 영업 사원 각자가 약속을 잡는 텔레마케팅을 실행해야 한다. 회사와 선배들은 신입 후배들이 각자 잘해낼 것이라 쉽게 믿지 않는다. 불특정 다수를 처음 접촉하는 마케팅이 얼마나 두렵고 힘든 일인지 알기 때문이다. 그래서 함께하기가 필요하다. 정해진 날과 시간을 정해서 전 직원이 참석하는 게임과 같은 텔레마케팅 데이(Telemarketing Day)를 정하는 것이다.

내 회사의 구성원과 주로 다루는 물건(상업용 부동산인지, 주거용 부동산인지 등 거래 상품의 종류에 따라)에 맞춰 시간을 배정하고, 대본을 작성해 사전 연습을 진행한 뒤, 실전에 돌입한다. 단체 마케팅이 효과를 보려면 길지 않은 시간 동안 전 직원이 '치고 빠지듯이' 동시에 전화를 걸어야 한다. 보통 20~30분 정도 전체 영업 사원이 전화를 걸고, 사장의 '그만'이라는 구호가 나올 때까지 몰입해서 실행하는 것이다.

남들이 모두 다 하는 상황이고 나만 안 할 수 없는 사내 분위기를 만들되, 심적 부담을 낮추도록 놀이처럼 진행하는 것이다. 그렇기에 이 행사를 진행하기 전, 워밍업으로 음료도 나눠주고 심호흡을 돕는 신나는 음악을 큰 볼륨으로 틀어준다. 한 곡 정도 재생이 끝날 무렵, 사장인 당신은 전 직원에게 구호를 외친다.

"여러분! 전체 콜드 콜을 실시합니다! 시작!"

이때 공인중개사들은 짧은 20~30분 사이에 10~20통 정도의 콜드 콜을 해야 하기에 멈추지 않고 계속 걸어야 한다. 간혹 고객의 거절이 거칠어서 '거절의 파도'가 상처를 주더라도 분위기상 감정을 실을 틈도 없이 빠르게 이어가야 한다.

30분 후에 사장은 다시 크게 외친다.
"여러분, 그만!"

구호와 함께 모두 손뼉을 치며 행사를 마친다. 나 역시 이 글을 쓰며 그날을 떠올리니, 파브르의 개처럼 심장이 뛴다(좋은 기억임은 분명하다).

마지막으로는 격려와 포상이다.
고객 찾기 행사가 끝나고 나면, 사장은 포상을 실시한다. 무슨 명목으로 누구에게 포상해야 할까? 당연히, 가장 많은 약속을 잡은 공인중개사에게 포상한다. 이때 포상은 '분명하되, 과하지 않게' 해야 한다. 너무 지나친 포상은 재미를 잃게 만들 수 있기 때문이다. 사장의 '그만!'이라는 신호와 함께 모든 직원이 전화기를 내려놓는다. 사장은 모두를 향해 질문한다. "약속 1건 잡으신 분?", "2건, 3건…" 가장 많은 약속을 잡은 사람에게는 식사 쿠폰, 영화 쿠폰, 도서 상품권 같은 소액의 포상을 하고 행사를 마무리한다.

이런 사내 교육으로 포장된 마케팅 활동의 효과를 생각해보자. 예를 들어, 전체 공인중개사가 10명이라면 30분 동안 각자 10통만 해도 총 100통이 된다. 이 100통의 의미는 생각보다 크다. 100%라고 생각해본다면, 100통의 콜드 콜은 10건 이상의 고객과의 약속을 잡을 수 있고, 이 10건의 고객과의 미팅 약속의 결과는 1건 정도의 계약 가능한 고객으로 이어질 것이다. 비록 그달은 아니더라도 후에 계약으로 이어질 수도 있다. 그렇게 될 수 있도록 매니징, 코칭하는 것이 사장의 역할이기도 하다. 이런 마케팅 활동을 매주 한다고 가정하면, 한 달에 회사는 최소 400건의 신규 접촉량을 가져가는 것이고, 계약도 4건 정도 확보할 수 있을 것이다.

여기서 묻고 싶다! 이 4건의 계약 예상 수수료는 10만 원일까? 100만 원일까? 답은 당연히 아니다. 이 액수들보다 훨씬 큰 수익이 날 것이다. 사장이 어떤 분위기로 마케팅을 주도해나가는가에 따라서 결과는 상당히 달라진다. 이런 분위기와 기세를 주도해야 하는 것이 사장인 당신의 역할이다.

영업 사원 스스로 무언가를 시도하게 두지 말아야 한다. 특히, 신입이 겪는 스트레스 요인은 이미 영업 경력자인 당신(사장) 입장에서는 다 아는 뻔한 스트레스일 것이다. 경력이 오래된 공인중개사들에게는 아무것도 아닌 것 같은 활동들도 신입에게는 엄두가 나지 않는 일이다.

막상 해보면 아무것도 아님에도 첫 시도가 힘들다.
첫 통화가 가장 힘들다. 그러나 막상 첫 통화를 끝내고 나면 별거 아니다.

아무것도 아니라는 것을 알게 된다. 거절당하거나 심지어 험한 소리를 듣는다고 해도 알게 되는 것이 있다. 욕이라는 것은 많이 먹어도 죽지 않지만 이겨내면 돈으로 이어지는 고객 창출이라는 것이다.

이런 행위를 같이 할 수 있도록 만들어주는 것이 사장의 길이다.
소속 영업 사원, 공인중개사들이 전화기를 만지작거리며 망설이게 놔두지 마라!

콜드 콜은 고객 확보를 위해 반드시 넘어야 하는 여러 스트레스 중 하나일 뿐이다. 영업 현장에는 이보다 더 다양한 스트레스가 존재한다. 사장은 조직을 이끄는 리더로서 그 스트레스들을 유형별로 나누고 각 상황에 맞는 극복 방안을 설계해야 한다.

# 꾸역꾸역 걷다 보니
# 어느덧 도착한 정상
## - 천하무적이 되다

몇 년 전, 설악산 봉정암에 오른 적이 있다. 산에 오르다 보면 숨이 막히고, 다리가 너무 아픈 순간이 온다. 내 다리가 내 것이 아닌 것처럼 느껴지는 순간이 오는데 힘들어서 잠시 쉬다 보면 더 걷기가 힘들어진다. 그래서 아주 천천히라도 멈추지 않고 계속 걸어야 한다. 정상에 도착해서 내려다보는 경치와 성취감을 생각하면서 한 걸음, 한 걸음 내딛는다.

사실 산 정상에 오르기 전까지는 나무 사이로 비치는 햇빛만 보이고 경치를 감상할 틈이 없는 경우가 많다. 때로는 내가 왜 이 산을 오르고 있는지 스스로를 원망하기도 한다. 산 중간에서 등산을 멈추면 죽도 밥도 안되는 상황이 되는데, 심지어 왔던 길을 내려가야 된다. 설악산을 올랐던 그 날, 나는 의욕이 앞서 초반에 빠르게 걷다가 중간도 못 가서 지쳐버렸고, 억지로 버티며 남들보다 두 배의 시간을 써서야 봉정암에 도착했다.

절 툇마루에 잠깐 앉아 쉰다는 것이 잠이 들었고, 일어나니 밤이 되어버렸다. 사정사정해서 예약자만 잘 수 있는 방구석에서 30명이 넘는 사람들 사이에 끼여서 자고, 다음 날 내려왔다. 하산하고 보니 엄지발톱이 빠져 있었고 고통이 한동안 갔다.

동네 산도 잘 안 가는 내가 설악산 등반을 했으니 당연한 결과다. 그래도, 한번 꼭대기에 올라갔다 왔더니 하남 검단산 정도는 우습게 느끼게 되었다. 다시 설악산에 가게 된다면 도착 목표 시간을 역산해서 등산 시작 시간을 정하고, 걷는 속도와 쉬어야 하는 장소, 쉬는 시간, 중간에 간식거리 등 목적 달성을 위한 계획을 수립하고 등산을 할 것이다.

동네 야산 가듯이 설악산을 오르는 지인은 나의 이런 경험담에 나를 많이 비웃고 놀리곤 했지만, 그래도 나는 힘든 상황 속에서도 끝까지 올라갔다 왔다는 것에 스스로 만족하고 있다. 한번 한 일이니 다시 할 수 있다는 믿음도 있다. 당시에 내가 어떻게 올라갔는지 가끔 생각해본다. 아마도 내가 평상시에 일하거나 생활하는 사고방식이 그날 작용된 것이 아닌가 싶다. 이왕 시작했으니 올라가 보자는 마음, 그리고 천릿길도 한 걸음부터 라는 마인드다.

사실, 그날 산을 오르면서 경치를 본 기억은 거의 없다. 마치 사방이 벽으로 막힌 100층짜리 빌딩 계단을 오르는 느낌이었다. 1층에서 시작해 10층, 30층, 50층, 90층, 그리고 마지막 99층을 지나 정상에 도달하기까지는, 어느 정도의 끈기가 필요하다. 요령도 없이, 왜 해야 하는지조차 모른 채 걷는 경우도 많지만, 흥미로운 것은 누구도 가르쳐주지 않아도 50 층쯤 지나면 스스로 효율적인 걸음걸이를 익히고, 무릎에 무리가 가지 않게 난간을 이용하거나 발톱이 빠지지 않도록 신발끈을 묶는 요령을 터득하게 된다는 점이다.

나 혼자와의 싸움인 등산도 이럴 진데, 상대가 있는 사업은 어떠할까? 당신은 부동산 회사를 설립하려고 한다. 이미 중개법인 사장일 수도 있다. 사업이 잘되든 안 되든 걱정은 늘 따라다닌다. 고객, 직원이라는 서로 다른 성향의 상대에 맞춰 태도를 달리해야 한다.

이 챕터의 제목이 무엇인가?

'꾸역꾸역 걷다 보니 어느덧 도착한 정상'이다.

책 원고를 절반 가까이 쓴 지금, 무엇을 더 어떻게 써야 할지 막막하고 머리가 아프다. '꾸역꾸역 걷다 보니 어느덧 도착한 정상'이라는 이 제목도 적합한 표현일지 의문이 들면서 다른 내용으로 고쳐 쓰기 위해 앞에 쓴 내용을 다 지워야 하나 하는 생각도 든다. 하지만 그럼에도 나는 멈추지 않고 계속 타자를 치고 있다. 계속 이어가고 있다. 그리고 믿고 있다. '어차피이 책은 완성된다'. 그런 마인드로 지금 '꾸역꾸역' 쓰고 있다. 그렇다. 뭐든 멈추지 말고 '꾸역꾸역'해야 한다. 그래야 결과가 뭐라도 나온다.

사업을 하다 보면 좋은 날만 있는 것은 아니다.

부동산 시장이 좋지 않아 계약이 안 나온다고 말하는 사람들을 많이 본다. 하지만 이는 비겁한 변명에 가깝다. 전국의 모든 중개법인이 부진한 것은 아니기 때문이다. 전쟁 중인 나라에서도 부동산 거래는 이루어지고, 심지어 북한에서도 부동산 중개를 하는 직업이 있다고 한다.

내가 내 신발 끝만 몇 시간 보면서 설악산에 올라간 것처럼, 사업도 나와의 싸움이다. 내가 한번 산에 오르기로 했으니 올라야지, 옆에서 쉰다고 나도 쉬고 옆에서 포기한다고 나도 하산하면 안 된다. 내 길을 가야 하고, 정상에 도착해야 한다. 긴 정상까지의 등산 과정에서 즐거움, 힘듦, 갈등, 동행과의 불화, 한숨, 배고픔이 등산 내내 나를 괴롭힐 것이다. 이 모든 것들을 극복하고 결국 정상에 오르는 가장 쉬운 답을 지금 이야기하려 한다.

그 답은, 계속 걷는 것이다.
힘들면 아주 천천히라도 꾸역꾸역 걸어야 한다.

부동산 회사(중개법인)를 창업한 초보 사장의 입장에서는 '언제' 안정적인 회사 경영이 가능할지 답답할 것이다. 영업 사원으로 나만의 영업과 돈벌이만 생각하면 되었던 시절과는 비교도 되지 않는 '압박감'이 가슴 한편에 생긴다. 오장육부(五臟六腑)가 아니라 '걱정·불안'의 장기가 몸속에 하나 더 생긴다. 이 걱정·불안은 사람마다 정도의 차이는 있지만 누구에게나 있을 것이다.

나 역시 중개법인 대표로서 매달 반복되는 걱정 포인트들이 있다. 사실

한 달 30일 내내 이 걱정·불안을 달고 산다. 안 벌리면 안 벌리는 대로 걱정, 잘 벌리면 잘 벌리는 대로 이 수익의 상승 곡선이 얼마나 유지될지가 걱정된다. 샐러리 베이스의 회사 스태프들의 급여를 챙기고, 영업직인 공인중개사들이 자신들의 사업 소득을 입금받는 매월 5일의 인센티브 지급일에 전체 공인중개사 중 몇 명이 그달에 소득이 없는지, 누가 생활하기에 부족한 수익을 냈는지 등 금전적으로 생각할 것이 많다. 하다못해 회사 사무실의 임대료·관리비를 입금하는 날이나 자산관리를 같이하는 회사로서 시설관리 하청업체에 도급비를 입금하는 날까지 돈과 관련해 신경 쓸 것들이 많다.

**금전적인 걱정이나 불안 외에도 더 큰 고민도 있다.**

바로, 중개법인의 존폐와 성장에 직결되는 핵심 과제, '인력 수급'과 '성장 프로그램의 지속'이다. 유능한 실력의 공인중개사를 스카우트함과 동시에 '떡잎'부터 남다른 신입 공인중개사를 채용하는 일, 즉 '인사' 문제다. 인사 문제는 세 가지 큰 카테고리와 맞닿아 있다.

매월 사람에 따라 들쭉날쭉한 매출을 고정적이고 우상향하도록 유지할 방법을 찾아야 한다. 회사가 안정적으로 운영되고, 사장이 충분한 수익을 남기기 위해 매월 최소 100이라는 매출이 필요하다면, 그 매출을 받쳐줄 인력 구조가 있어야 한다. 예를 들어, 10의 매출을 책임질 10명의 인력이 필요한 셈이다(이때 사장의 개인 매출은 회사 운영 수익 외 '보너스' 개념으로 두고 계산에서는 제외하자).

개인 공인중개사의 세일즈는 직접 세일즈다. 즉, '부동산 거래(중개, 컨설팅)'를 통해 수수료(용역비, 컨설팅 수수료 등)를 벌어들이는 공인중개사 개인 차원의 싸움이다. 그러나 회사 차원에서 확장을 꾀한다면, 중개법인은 직접 세일즈와 간접 세일즈 두 갈래 수입원을 만들어야 한다. 예를 들어, 앞서 언급한 10명의 인력은 각자 수익을 올리고, 그 수익을 회사와 배분(Share)하는 방식이 일반적이다.

누군가는 회사(50%) : 개인 공인중개사(50%)의 수익 배분 구조를 갖는다. 이는 보통 회사의 케어가 많이 필요한 신입 공인중개사에게 적용된다. 반면, 경력자나 실력자라면 개인 공인중개사의 배분율이 훨씬 높은, 이른바 고배율 구조를 갖게 된다. 사업 초기에는 고배율의 경력자와 신입 직원의 비율을 적절히 배합해 인력 관리 및 채용 계획을 운영해야 한다. 평균 30% : 70%(소속 공인중개사)의 수익 배분 구조라고 생각해본다면, 회사는 100의 수익에서 30의 수익을 갖게 된다. 이 30%로 회사의 운영비를 감당해야 한다. 사장 본인을 포함한 스태프 급여, 사무실 임대료, 관리비, 기타 운영 경비가 모두 이 안에서 충당되어야 하는 것이다. 따라서 인력 수급 계획을 세울 때, 이 금액으로 회사가 정상적으로 굴러갈 수 있는지 철저히 계산해야 한다. 극단적으로는, 모든 비용을 다 감당하고도 회사 몫이 '0'이 되는 상황이라 하더라도, 최소한 마이너스는 되지 않도록 구조를 설계해야 한다.

사업 초기에는 스타급 공인중개사 스카우트도 필수적이다. 최고 배율로 계약하더라도 모셔와야 한다. 단, 이 경우 초기 스타 공인중개사의 '인성'은 매우 중요하다. 그들에게 매우 높은 고배율을 주는 이유는 그들을 간판으로 신입 공인중개사나 병아리를 벗어난 공인중개사를 모집할 수 있고, 그들이 오픈마인드로 신입들의 코치(선생님)이자 팀장이 되어줄 수 있기 때문이다. 회사는 이런 스타급 공인중개사와 신입을 한 팀으로 매칭해 신입에게는 울타리를 쳐주고, 경력 공인중개사에게는 팀원을 케어하는 코칭피(가르쳐주는 명목으로 회사 수익의 일부 배분)를 지급함으로써 그들의 노고를 돈으로 보상해줄 수도 있다. 이런 팀 빌딩은 자연스럽게 인사의 두 번째 이슈인 리텐션(유지, 교육, 성장 프로그램 등)의 일환이 된다.

인사의 또 다른 중요 포인트는 터미네이션이다.
잘 뽑는 만큼 잘 내보내야 한다.

영업 조직에 맞지 않는, 극단적으로 부동산 세일즈(중개)와 맞지 않는 사람들이 빨리 다른 직업을 찾아 자신의 삶을 살 수 있도록 마음 정리를 시켜줄 필요가 있다. 영업 조직은 극단적으로 1등 공인중개사와 꼴등 공인중개사의 연간 소득 차이가 수백 배에 달한다. 그런데 표면적으로 보면 1등과 꼴등은 서류상(학력, 경력 등)으로 차이가 없다.

차이는 '영업을 제대로 하느냐, 하지 않느냐'에 있다.
중개로 돈을 버는 사람과 못 버는 사람의 차이는 종잇장 한 장이다.
그런데 그 간단한 차이를 극복하지 못하는 사람들이 있다.

성실함, 긍정성, 도전 정신, 꾸준함, 흡수성, 이런 기본 자질이 없는 사람은 영업 실적을 낼 수 없다. 회사는 입사 초기에 이런 부분을 변화시키기 위해 교육, 코칭, 면담, 영업 관리 등 각종 매니징을 통해서 변화시키려 노력해야 하는데, 그 노력이 장기화되면 안 된다.

장기화되면 그들은 사내 영업 분위기를 저해하는 에너지 뱀파이어로 변하게 되고, 영업을 열심히 하고 있고 실적을 잘 내는 사람에게 100% 투입해야 할 회사와 사장의 에너지를 나눠 먹게 된다. 이로 인해 고소득 우수 공인중개사가 회사에 반감까지 가지게 만든다. 영업 사원으로 부적합한 사람들은 그들의 인생을 위해 다른 직업을 찾도록 해야 한다. 위촉 계약 해지를 병행하면서 신규 채용을 이어가고, 우수 인력만 남기는 경영 전략을 운영해야 한다(회사는 모든 시스템을 우수 영업 사원에게 맞춘다. 실적이 저조한 곳을 상향 평준화시킬 수 있다는 생각을 버려라. 안 된다!).

이 장에서 언급한 인력 운영 방안은 사업 초기에 목표 매출과 연동해 치밀하게 세워야 한다. 이 원칙만 잘 지켜도 중개법인(부동산 회사)은 성공의 길로 들어설 수 있을 것이다.

# 후회하기에는 짧은 인생,
# 반전이 가능한 인생

무언가 새로운 일을 벌일 때 계획을 아무리 잘 세우고 치밀하게 일정표를 짜도 일이 시작되면 '오만가지 돌발 변수'가 생겨 계획이 뒤틀리게 된다. 계획을 치밀하게 세울수록 '김이 샌다.' 결국 하기 싫어진다. 중개법인 창업뿐만이 아니라 모든 사업 계획이 다 그렇다. 하다못해 어떤 신축 건물에 임차인을 유치하기 위한 임대 마케팅 계획조차도 일을 진행하다 보면 끊임없이 변수가 발생한다.

중개법인을 설립하고 3개 년 정도의 계획은 수립해야 하는데, 36개월짜리 촘촘한 계획을 세우다 지치게 된다. 초기 3~6개월은 인력 수급에 최선을 다하고 사장으로서 영업을 한다면, 회사 차원에서 중장기 수입이 보장될 신규 수주 위주의 영업을 진행한다. 회사가 확보한 물건(부동산)을 새로 합류하는 신입·경력 공인중개사들에게 배분하는 것은 회사가 소속 공인중개사를 채용하거나 운영하기 위한 큰 힘이 된다.

자, 이제 중요한 마인드를 이야기해보자! 일단, 달리기 시작하자. 그리고 달리면서 생각하자! 망설이는 시간의 몇 배로 사업 안착지의 시간은 늘어난다. 마치 연휴의 마지막 날 휴양지에서 올라오는 자동차 내비게이션의 도착 시간이 계속 늘어나는 현상과 같다. 그리고 그것은 후회를 낳는다. 초기 계획이 너무 치밀해서 망할 거라는 생각을 못 하기도 하는데, 계획대로 안 되는 경우가 더 많다.

따라서 큰 틀에서 창업과 사업 계획이 수립되면 가장 시급한 인력 수급 (채용) 관련 활동을 시작하자. 사람들의 반응에 따라 입사 시 혜택 같은 회사 업무 규정을 계속 수정한다. 당신의 회사에 매력을 갖고 입사하게 만들기 위한 보정 작업을 해야 한다. 아마도 이 보정 작업은 회사를 그만하게 되는 날까지 해야 할 것이다. '나는 이런 회사를 만들었고, 이런 비전을 갖고 있으니 합류해서 같이 하자!' 이런 제안을 하면서 사람을 채용하는 것이다.

내가 아는 중개법인 사장들이 망하는 가장 큰 이유는 '착각'에서 온다. 10명의 공인중개사가 있는 중개법인 사장 중에 '내 직원이 10명'이라고 착각하는 경우가 있다. 중개법인과 같은 영업 조직에서 영업 사원이 10명이면 사장이 매니징할 인력이 10명인 것은 맞지만, 그들은 '직원'이 아니라 '고객'에 가깝다. 아주 쉽게 이 관계를 설명해보자면 연예인과 연예 기획사 사장과 유사하다. '돈은 누가 벌어오는가?' 하는 것과 영업 사원 입장에서 '누구 덕에 그 돈을 버는가?' 하는 양면의 상생 마인드다.

중개법인 사장이 합류시키고 싶은 대상자(입사 권유자)에게 제안하는 가장 큰 설득 포인트는 의외로 '돈'이면 안 된다. 돈을 벌자고 창업하는 것이지만 역설적이게도 먹고살 정도가 아니라 많이 벌기 위해서는 그 돈을 뛰어넘는 무언가가 있어야 한다. 나는 그 무언가로 '꿈'이라는 단어를 자주 이야기한다.

인터뷰(면접)를 볼 때나 합류시키고 싶은 능력자와 대화할 때면, 항상 '꿈이 뭐예요?', '돈을 벌어서 뭘 하고 싶어요?', '돈을 버는 이유는 무엇인가요?'라고 묻는다.

그 꿈의 크기가 크고 멋질수록 일하면서 부닥치는 어려움을 잘 이겨내기 때문이다. 일 안 할 핑계조차 찾지 않는 사람들은 이 꿈이 확실하게 마음속에 있다. 그 꿈을 향해가는 과정에서 만나는 어려움을 목적지로 가는 정류장이라고 생각해야지, 중간역에서 하차하면 안 된다.

부동산 중개를 업으로 선택하는 이유는 사람마다 다르지만, 공통적으로 인생 전환에 대한 갈망이 있다. 누군가는 직장 생활을 그만두고 제2의 직업을 찾기 위해, 또 누군가는 큰 수익을 통해 빠르게 인생의 꿈을 이루고자 중개업에 뛰어든다. 한 개인의 인생을 역전시켜주는 직업 중 하나가 '세일즈'고, 그중 하나가 부동산 중개라고 생각한다. 하지만 그냥 이 일을 선택하는 것만으로 고소득을 낼 수 있는 것은 당연히 아니다. '노력'과 '시간'이 필요하다. 당신의 부동산 회사에 합류하는 영업 사원이 투입 대비 적은 노력과 시간으로 빠르게 고소득을 낼 수 있도록 만들어주는 것이 사장의 역할이다.

　이것은 '한탕주의'나 '일확천금' 같은 마인드와는 다른 관점이다. 판매하는 상품의 가치가 다른 물건에 비해 크고 거래 금액이 높기에 부동산 중개를 통해 고소득이 가능하다고 이야기하는 것이고, 무작정 부동산 일을 하면 큰돈은 번다는 것은 아니다. 다만, 큰 수익을 올릴 '가능성'이 존재한다는 점이 중요하다. 그리고 그 가능성을 현실로 만들기 위해 각고의 노력과 성실한 영업 활동은 필수다.

　소속 영업 사원들이 지치지 않고 영업을 이어나가게 만들기 위해서 사장은 사내 동기부여 프로그램, 영업 매니징을 통한 수주·매출 관리, 전문성 향상을 위한 교육 프로그램 등을 샐러리 베이스의 영업 조직과 비교해도 손색이 없을 정도로 만들고 운영해야 한다. 자유롭게 인센티브제로 일하는 공인중개사들을 매니징하는데, 역설적으로 더더욱 '회사'처럼 매니징해야 된다는 것을 잊으면 안 된다.

### 회사처럼 운영해야 한다는 의미는?

　공인중개사 각각의 목표 수립, 목표 달성 계획과 연동된 액션 플랜, 수주 및 매출 관리, 가망 고객 발굴 및 관리(수주원 관리), 목표 점검 및 수정 등이 모든 과정을 통해 소속된 공인중개사 하나하나의 목표가 합쳐져 회사 전체의 연간 목표가 되어야 한다. 그리고 그 목표를 달성하기 위해 실질적으로 공인중개사들이 어떤 활동을 하고 있는지 '매니징(Management)'해야 한다. 월급 주는 조직이 아니니 '이래라저래라하면 안 된다' 하는 것은 잘 못된 사고다.

**진짜 잘못은 소속 공인중개사가 '돈'을 못 벌게 놔두는 것이다.
절대 방치하지 말라.**

각각의 공인중개사는 월급쟁이가 아니라 '돈'을 벌기 위해 자기 부동산 사업을 내 회사에서 한다고 생각해야 하고, 사장은 그렇게 모인 사람들이 돈을 벌지 못하는 활동을 한다면 잡아주고 잘못된 판단을 하고 있을 때 고쳐줄 수 있어야 한다. 활동량을 관리하고 매출이 미달할 경우, 추가 수주원 발굴 및 만회 계획 등을 수립하고 그 계획을 달성할 수 있도록 지원해줘야 한다. 그렇게 관리된 공인중개사는 실적을 낸다. 영업량이 유지되는 상태에서는 수입은 증가할 것이다. 고소득 공인중개사를 유지하고, 그 수를 늘려가는 것이 중개법인 사장의 일이다.

부동산 중개 영업을 통해 고소득자로 인생 전환을 이룬 공인중개사가 많은 회사의 사장은 결국 안정적인 수익을 가져갈 수 있게 된다. 그리고 금전적으로 안정적인 생활이 된다면, 더 많은 양의 돈을 벌고 싶고 더 고 품질의 일로 업무 영역을 확장하고 싶어질 것이다. 이것이 중개법인을 만드는 대표 공인중개사의 목적 중 하나일 것이다. 능력자가 많은 중개법인, 부동산 회사라는 소문이 난다면 자신도 모르는 사이에 큰 기업 부동산들도 거래하게 되는 회사로 거듭날 것이다.

# 무엇이 나에게
# 책을 쓰게 만드는가?

지금 이 책은 나의 6번째 책이다. 단독으로도 5번째 책이다. 누가 시켜서 책을 쓰고 있는 것이 아니다. 나에게는 이제 글쓰기 루틴 같은 것이 생긴 것 같다. 좋은 것인지는 모르겠지만, 나는 무언가 2~3번 반복하던 중에 '좋다'고 느껴지면 200~300번은 해보게 된다. 그렇게 어떤 습관들이 평생 유지되고 있다(뇌과학자들의 연구에 따르면, 어떠한 것을 21일 정도 반복하면 우리 뇌는 그것을 루틴으로 만들어준다고 한다).

내 경우에도 이런 반복이 만드는 습관을 좋아하는 편이다. 좋아하는 것이 사람일 수도 있고 아닌 경우도 있는데, 사람이 아닌 경우는 좋아하는 것이 평생 지속되는데, 사람의 경우 어느 순간 멀어지거나 싫어지게 되기도 한다. 이 경우, 나는 죽는 날까지 절대 안 볼 성격이다. 아니, 안 보고 있다. 사람에게 실망하는 경우는 그게 30년지기 친구든, 중요한 고객이든 바로 끊어버린다. 전화나 카카오톡, 그리고 각종 SNS를 모두 차단한다. 인생이 고작 15~20년 남았기 때문이다. 정도의 차이는 있지만 싫은 사람을 보고 살고 싶은 사람은 없지 않은가?

우스갯소리로 말하자면, 나는 아이스크림 매장인 배스킨라빈스에 가서도 수많은 메뉴 중 평생 체리쥬빌레만 먹는 성격이다. 루틴의 일상화로 무언가 계속하는 성격이다.

이 성격 덕분에 좋은 점도 있고 나쁜 점도 있다. 무언가 하다 보면 하기 싫은 경우도 있는데, 이것을 끊기가 여간 어려운 것이 아니다. 예를 들어, 나는 매주 토요일 새벽에 속초에 가는 것이 루틴이 되어버려서 이런 강박을 끊기 위해 일부러 토요일에 모임도 만들고 속초 대신 도쿄에 가거나 학원 강의를 토요일에 하거나 했다. 이런 성격은 모든 면에서 작동한다. 당신이 좋은 사람이라면 나는 당신을 평생 친구로 여길 것이다. 반대로 배신자인 것이 밝혀지면 나와는 아예 연락이 안 될 것이다. 이런 지독한(?) 성격이 글쓰기에도 작동되고 있다고 생각한다.

이쯤에서 이 장의 제목을 다시 환기시켜보자! '무엇이 나에게 책을 쓰게 만드는가?' 그것은 글을 안 쓰면 허전하게 뇌가 세팅되어버렸기 때문이다. 28년 가까이 세팅된 글쓰기 루틴이다.

이야기는 먼 과거인 1983년으로 거슬러 올라간다. 초등학교 3학년 시절이다. 부모님은 유명하다는 웅변학원을 찾아 나를 그곳에 보내셨고, 나는 그곳을 무려 3년이나 다녔다. 공부를 위해 암기법이라도 배우라고 보낸 학원이다. 당시 원장님은 카리스마가 넘치는 여군 장교와 같은 분이셨다. 요즘도 웅변학원은 잘 눈에 띄지 않지만, 당시에도 귀한 종류의 학원이었다. 웅변학원에 가자마자 처음 배운 것은 읽기였다. 그리고 학원에서 주는 원고를 달달 외운다. 효과적으로 외우는 방법을 가르쳐주기 때문에 나는 학창 시절 내내 암기 과목 성적이 좋은 편이었다.

그 이후, 나는 남의 원고를 대중에게 잘 스피치하기 위한 화술과 화법을 배우게 되었다. 나보다 선배인 웅변학원 선배들은 스피치 중간에 강조할 때나 결론을 말할 때는 특별한 제스처를 취하거나 주먹으로 탁자를 치는 등 다양한 '웅변술'을 사용했다. 학원은 단계별로 외우기, 대중 연설법 등을 가르친 후, 작문 교육도 진행했다. 주제를 주고 글쓰기를 대중 연설용으로 작성하게 하는 방식이었다.

내가 쓴 내용이 말이 되는지 검증받으면서 고치고 또 고쳐 원고가 완성되면, 모두가 보는 연단 위에서 연설하고 다시 원장님 코칭에 따라 대화 흐름 방법을 바꾼다. 웅변학원에 다닌 덕분에 지금도 글쓰기에 거부감이 많이 없다. 또한, 남 앞에서 떨지 않고 말할 수 있고, 즉흥 주제가 주어져도 바로 말할 수 있게 되었다. 덕분에 학기 초가 되면 반장 선거, 전교 회장 선거 등에 무조건 출마했고 대부분 당선이 되었다. 아마도 부모님이 내 고객들처럼 부자들이라 내가 돈 걱정을 할 일이 전혀 없는 환경이었다면, 나는 '광진구청장이나 광진구 지역 국회의원' 등과 같은 내 지역구를 대표하는 사람이 되었을 것 같다.

웅변학원에서 글쓰기를 배우고, 각종 선거에서 반장, 회장, 전교 회장 등 감투 놀이를 하면서 학창 시절을 보내던 중, 우리나라에 '인터넷'이 처음 등장했다. 시작은 PC통신이었다. 지금의 데스크탑과 비슷한 단말기를 전화국(지금의 KT)에 신청해서 받은 후 PC통신을 접촉하면 커서가 껌벅거리며 모니터가 켜진다. 이 통신을 활용해서 '사람'들과의 소통이 시작되었다. 다양한 동호회와 커뮤니티가 PC통신을 통해 만들어졌다.

사실, 나는 PC통신이 생기기 전부터 각종 음악 잡지, 자동차 잡지 등의 뒷장에 실린 동호회 모집 광고나 펜팔 희망 명단 등을 보면서 다양한 사람들과 교류하고 있었다. 그런 오프라인 접촉들이 인터넷 세상이 되면서 싸이월드, 아이러브스쿨 등 다양한 애플리케이션으로 발전했고, 새로운 소통 채널이 생긴 것이다. 그럴 때마다 나는 모든 채널을 다 해보면서 살았는데 내가 지겨워서 그만둔 채널은 없다. 오히려 해당 채널 등이 망했다. 싸이월드는 도토리를 그렇게 팔아먹고도 왜 망한 것인지 모르겠다. 지금은 Facebook, Instagram, X(구 트위터), Blog, You-Tube 등을 동시에 다 하고 있다. 나를 잘 모르는 사람들은 나에게 언제 이런 채널을 다 섭렵하고 포스팅을 할 수 있는지 물어본다. 나는 늘 같은 대답을 한다. 잠이 없는 것이라고.

부동산 중개가 직업이기 때문에 이런 채널들은 모두 마케팅 채널로 활용된다. 우리 회사에 입사하는 신입, 내 책을 사는 독자, 나에게 부동산 거래를 의뢰하는 고객의 대부분은 나의 다양한 채널을 보고 연락해온다. 요즘 누가 신문을 보고, 또 누가 오프라인에서 부동산 공인중개사사무소로 찾아와 의뢰하겠는가? 재미있는 것은 내가 부동산 일을 처음 시작했을 때, 내 고객들의 나이는 나보다 30~40년 이상 연배가 높은 어르신들이었는데, 지금은 상당히 많은 경우, 고객이 나보다 나이가 어리다.

영업하는 사람이라면, 자신의 방식대로 하면 안 된다. 고객에 맞춰 영업해야 한다. 요즘 신문을 배달시켜서 보는 집은 거의 없다. 고객 손에 들려 있는 손바닥만 한 그 작은 단말기를 통해 나는 무엇을 알리고 팔 수 있는지 고민하라!

앞서 이야기한 웅변학원 경험은, 2025년 현재 내가 유튜브를 찍고 인스타그램에 글과 사진을 매일 올리게 만들고 있다. 생각보다 글을 쓰는 양이 많다. 언제일지는 모르지만, 감성 에세이 책을 내보겠다는 생각으로 브런치 스토리 등에 부동산 이야기가 아닌 글도 종종 올리고 있고, 인스타그램 채널도 4개나 갖고 있다. 부동산 채널, 부캐인 작가로서의 채널, 심야 책방 주인의 채널, 속초 탐험가의 채널(비공개 회원 전용)을 운영하고 있다.

나에게는 글을 쓰고 올리는 시간과 방법에 나름의 원칙이 있다. 오전 9시부터 오후 6시까지의 업무 시간에는 SNS에 포스팅하지 않는다. 각종 채널에 글을 쓰는 시간은 주로 오전 8시 이전, 퇴근 이후, 그리고 주말이다. 그런데 가끔, 내 채널을 보면서 "언제 일을 하느냐"라는 질문을 하는 분들이 있다. 나는 하고 싶은 일을 효율적으로 해내기 위해 시간을 배분하며 살아가고 있다. 같은 사회를 살아가는 구성원으로서, 자신이 하지 않는 일을 한다고 해서 타인을 섣불리 평가하거나 비난하는 일은 없었으면 한다.

책을 쓰는 이유에 대해 길게 말씀드리는 이유가 있다. 나는 28년간 한 직업을 유지해왔고, 전공 또한 부동산 관련이어서 나름의 노하우, 관련 지식, 인맥이 쌓였다. 지인의 책에 몇 장을 집필하거나 부동산 관련 잡지에 투고한 경험도 있고, 블로그와 인터넷상에 공간 탐방기를 연재해왔다. 또한 28년간 영업 외에도 사람을 가르칠 기회가 이어져서 항상 신입 직원들을 위한 교재를 만들었고, 회사 차원의 교육 트레이너로서 사내 교재를 제작하며 살아왔다. 나는 시간이 허락된다면 영업 매뉴얼 책을 1년에 12권 이상 집필할 자신이 있다.

그러다, 앞서 이야기한 선물과 같은 시간이 찾아왔다. 회사에서 잘린 것이다. 잘린 당일 아침까지 회사를 그만두는 것은 생각도 못 하고 있었다. 그런데 아침에 해고 통보를 받고, 회사 차, 출입증, 법인카드 등 사무실 물건들을 모두 놔두고 건물 아래로 내려와 택시를 탔다. 차장 밖의 풍경이 보이지 않았다. 영동대교를 건너며 큰딸 얼굴이 떠올라 전화를 걸었다. "아빠 회사 잘렸다." 큰딸은 "아빠 믿으니까 잘될 거야, 걱정하지 마"라고 했다. 전화를 끊고 지금의 회사에 전화했다.

'26살 이후 놀아본 적이 없는데, 오늘 아침까지 생각도 안 해봤는데, 회사를 나오게 되었다'고 말했다. 그 전화 덕분에, 30대 후반, 40대 초반에 5년을 다녔던 이 회사에 내가 다녔던 부서의 본부장으로 오게 되었다. 연

말이니 내년부터 오라고 하셨다. 나에게 두 달이 생겼다.

두 달간 내가 해야 할 일들을 적어보았다. 책을 쓰자! 주말마다 도쿄에 가자. 이직 후, 내가 맡게 될 부서에 관한 연구와 관리 건물별 분석을 하자. 그리고 내 건물의 사무실에서 밤에만 여는 두 달짜리 팝업 서점을 열자!

이렇게 두 달짜리 위시리스트는 모두 지켰다. 돌이켜보면 즐거운 시간이었다. 특히 큰딸과 도쿄 여행을 갔던 주말이 떠오른다. 맛집도 많이 다니고 부동산학이 전공인 큰딸과 멋진 커피숍에서 부동산 이야기도 많이했다. 생각해보면 나는 가족들과 도쿄에 자주 갔는데, 가족 4명이 같이 간적은 없는 것 같다. 집사람과 가거나, 집사람이 큰딸과 단둘이 가거나, 집사람이 막내딸과 단둘이 가거나, 내가 딸들과 각각 따로 단둘이 가거나했다. 그 이유는 아빠가 큰딸만을, 막내만을 위한 여행으로 기획했다고 느끼게 해주고 싶었기 때문이다.

그렇게, 첫 책이 나왔고 시부야의 커피숍에서 세 번째 책을 기획하고 목차를 완성하고 왔다. 글쓰기 루틴은 내게 시간이 주어지자 책을 쓰게 만들었고, 출판된 책이 교보문고에 깔리는 모습에 도파민이 생기면서, 이후에는 그 도파민에 중독되었는지 일부러라도 시간을 만들어서 글을 계속 쓰게 되었다. 지금 쓰고 있는 6번째 책의 원고가 완성되면 7번째, 8번째, 9번째 쓸 주제가 이미 다 정해져 있다.

매뉴얼 등을 세분화해서 전자책도 낼 생각도 하고 있다. 이제 직업을 작가라고 들어도 예전보다 쑥스러움이 덜한 것을 보니 글쓰기가 직업화 된 것이 아닌가 싶다. 틈만 나면 글을 쓰고 있으니, 습관화되었다고 생각 한다. 나쁘지 않은 습관이다. 술, 담배, 골프를 안 하는 성격상 의외로 시 간도 확보된 편이다. 게다가 잠도 없다.

# Chapter 4

## 쓸모없어 보이는
## 예민함을 익힌다

# 왜 이 일을 해야 하는지,
# 목적이 명확한 사람

2012년 EBS에서 방송된 〈머털도사〉라는 TV 만화 시리즈가 있다. 10년을 하루같이 누덕도사 밑에서 도술과는 전혀 거리가 먼 허드렛일만 하며 살아온 머털이. '서당 개 3년이면 읊는다'는데, 머털이가 할 줄 아는 거라곤 머리털을 세우는 능력뿐이었다. 그러던 어느 날, 마을에 나타난 도깨비들에 의해 문제가 생기고, 누덕도사는 머털이에게 머리털의 비밀을 가르쳐주며 마을로 내려가 사람들을 도우라고 명한다.

어떤 일을 시작하는 데 '도사'가 될 때까지는 상당한 시간이 걸린다. 이시간을 이겨내지 못한 사람들은 결국 '도사(전문가)'가 되지 못한다. 유명한 셰프들도 여러 인터뷰에서 이런 이야기를 한다. 주방에 취직했는데 2년간 청소만 했다고 한다. 그래서 실제로는 청소만 하고 끝난 사람이 대부분이다. 성공한 셰프들은 그 사이에서 '틈'을 노렸을 것이다. 기회라는 것은 준비된 사람에게는 마치 사고 나듯이 찾아오니 말이다.

도술을 배우러 누덕도사를 찾아갔지만, 허드렛일만 한 머털이. 하지만 누덕도사가 진짜 허드렛일만 아무 의미 없이 시키지는 않았을 것이다. 누덕도사의 큰 그림이 있었을 것이다. 그 큰 그림에 따라 머털이 성장 프로그램에 필요한 요소를 중심으로 빌드업을 하고 있었을 것이다. 10년이 지나자 머털이는 '왜' 안 가르쳐주는지를 물었고, 누덕도사는 이미 머털이가 10년의 허드렛일 속에서 터득한 도술이 있음을 알려주고는 세상을 구하기 위해 하산시킨다.

이와 비슷한 사례로 내가 평소 자주 가는 중국집, 해동반점 주방의 신입 직원 이야기를 해보겠다. 1963년 6월 20일, 월요일 아침이었다. 당시 해동반점은 동대문구청 앞에 자리한 개업 5년 차 중국집으로, 인근 청계천 상인들과 신설동 수도학원 학생들이 점심시간이면 몰려드는 유명한 짜장면집이었다.

아침 7시, 주방은 이미 분주했다. 마침 전남 나주에서 중학교를 졸업하고 돈을 벌기 위해 상경한 김영수와 경주에서 고등학교를 중퇴하고 올라온 정상규가 첫 출근을 하는 날이었다. 영수는 열심히 일해 고향에 돈을 보내고, 서울에서 중국 요리를 배운 뒤 고향 읍내에 중국집을 차릴 계획이었다. 반면 상규는 1년 전 먼저 서울에 올라온 친구가 중국집 배달 일을 하며 자랑하는 것을 보고 부러워 무작정 상경했다.

누구나 첫 출근날은 조심스러울 수밖에 없지만, 기존 구성원들은 신입을 유심히 지켜보게 된다. 말하지 않아도 '테스트'는 계속된다. 주방장은 자기 요리하기도 바쁜 사람이라 신입 교육에 시간을 내기 어렵고, 애초에 그럴 의지도 없다. 얼마나 버틸지 모르는 사람에게 정성을 들이고 싶지 않기 때문이다. 점심 장사를 준비하던 주방장은 큰 소리로 물었다. "이름이 뭐라고?" 그리고 곧 지시를 내렸다. "영수는 양파망 5개 까서 다듬고, 상규는 감자 100개 껍질 벗겨서 씻어라."

둘은 긴장된 얼굴로 땀을 흘리며 양파와 감자를 손질했다. 점심과 저녁 장사가 이어지는 동안 홀 서빙, 배달, 청소, 설거지, 재료 손질이 끊임없이 반복됐다. 정말 바쁜 시간에는 주방, 홀, 배달 구분 없이 주방장의 지시에 따라 일손이 부족한 곳에 투입되었다. 그렇게 한 달이 지나고, 석 달이 지나자 두 사람은 점점 일에 익숙해졌다.

그러자 영수는 본격적으로 요리를 배워야겠다고 생각했고, 상규는 조금이라도 편하게 일할 방법을 찾기 시작했다. 영수는 바쁜 시간에 주방장이 웍을 능숙하게 다루는 모습을 힐끔거리며 눈과 손을 함께 움직인다. 오른손과 두 손으로 양파를 까면서, 왼쪽 눈은 주방장의 웍에서 떼지 않았다.

눈으로 보면서 뇌에 입력해야 한다.
이는 배우기와 훔치기의 기본이다. 대놓고 교육을 해주지 않는 상황이 훨씬 많다. 스스로 배울 자세가 필요하다!

영수는 시간이 날 때면 빈손으로나마 프라이팬을 들었다고 생각하고 주방장의 흉내를 낸다. 특히, 짜장면, 볶음밥, 짬뽕 같은 일상적인 메뉴 외에 요리 주문이라도 들어올 때면 탕수육의 튀김 옷은 어떻게 입혀야 하는지 하나하나를 꼼꼼히 본다. 주방장이 야채를 다듬는 모습, 칼날의 방향과 속도, 마늘을 두들겨 부수는 모습부터 해산물, 돼지고기를 다루는 하나하나가 영수에게는 고급 과외 수업의 일환이 된다. 빨리 퇴근하고 역전 다방 미스 김을 만나 쌍화탕을 마시려는 상규와는 뇌 구조가 다른 것이다.

손님이 뜸한 시간에 쓰레기를 버리러 식당 뒷마당에 갔다가 들어오는 길에 손은 주방장이 웍을 다루는 움직임을 흉내 내곤 한다. 그러다 마침 뒷마당에서 담배 피우던 주방장에게 한 소리를 듣는다.
"영수야, 임마, 뭐하냐?"
영수는 수줍게 웃으며 대답한다.
"아닙니다."
주방장이 실력 있고 예민한 사람이라면 영수가 무엇을 하는지 금세 알았을 것이다. 본인도 그랬을 것이기 때문이다.

이런 후배의 노력을 선배들은 아닌 듯 보여도 실제로는 다 알아챘다. 때로는 모두가 퇴근한 주방에서, 영수는 주방장 모르게 남은 재료로 볶음밥이라도 해보며 요리를 연구한다. 그러던 어느 날, 퇴근하다가 어디 들렀다 가게 앞으로 지나던 주방장은 불이 켜진 주방을 보고 "이놈들, 불도 안 끄고 갔네" 하며 들어온다.

그곳에는 자기 주방에서 볶음밥을 만들고 있는 영수가 있다.

주방장은 "야, 내 주방에서 뭐 하는 거야?"라고 야단을 치면서도 영수가 만든 볶음밥을 보게 된다. 만약 주방장이 인성이 좋고, 영수가 스승으로 삼을 만한 사람이라면, 이 상황에서 그 볶음밥을 한 숟갈 떠먹어볼 것이다. 어쩔 줄 몰라 하는 영수에게 "불 끄고 청소하고 가라"는 말과 함께, "다음에는 조금 더 간을 세게 해봐"라든지, 혹은 직접 웍을 잡아 시범을 보이기도 할 것이다.

이런 일이 몇 번 반복되면 자연스럽게 사제지간(師弟之間)이 된다. 상규는 알지도 못하는 사이, 반년 후면 영수는 웬만한 요리를 흉내 낼 수 있는 주방장의 제자가 되어 있다. 물론 여전히 영수도 상규 옆에서 양파를 까고 있을 것이다.

하지만 준비된 사람에게는 반드시 기회가 온다.

주방장이 아프거나, 구청 공무원 회식 같은 대규모 주문이 들어와 주방장의 손만으로는 감당이 어려운 날이 온다. 그때 주방장은 말한다.

"영수야, 내가 요리할 테니 식사류는 네가 해라."
"예? 제가요?"
"그 정도는 할 수 있잖아! 시간 없다, 짬뽕 열 그릇부터 시작하자."
"예!"

이런 상황에서 상규는 어안이 벙벙하다. 그날 아침까지는 중국집 잡부였던 영수가, 저녁에는 부주방장이 되어 퇴근하는 것이다. 이것은 단지 중국집의 이야기만이 아니다.

나는 28년간 부동산 일을 하면서 주변에서 이런 모습을 수없이 보았다. 왜 어떤 사람은 6개월 만에 자리를 잡고, 또 다른 사람은 5년을 일해도 겨우 입에 풀칠만 할까? 그 차이는 누구나 짐작할 수 있을 것이다. 일을 익히는 속도는 배우려는 자세가 있는 사람, 그리고 그를 가르쳐주는 사람이 있을 때 크게 단축된다. 그러나 세상의 많은 전문가 중에는 독학으로 성장한 이도 많다. 결국 중요한 것은 배우려는 마음이다. 중국집 예에서 보듯, 영수는 배우고자 하는 마음이 강했고, 주방장의 요리를 흘끗 보며 흉내 내려 애썼다. 프로의 예민함을 감지해 자신의 실력을 높이려는 노력은 아무나 하는 것이 아니다.

2025년 7월 13일, 이 글을 쓰고 있는 일요일 아침, 나는 아내와 동네에서 순댓국을 먹고 왔다. 원래 음식점에 까다로운 편인데, 글쓰기 목표량이 있는 날이라 멀리 가지 않았다. 그러나 맛은 만족스럽지 않았다. 아마도 상규가 운영하는 순댓국집에 간 것이 아닌가 싶다.

음식점이든 커피 전문점이든, 사람이 먹는 것을 판매하는 곳은 세 가지를 갖춰야 한다. 맛, 가게 분위기, 접객 태도다. 오늘 아침밥을 먹은 식당은 음식의 맛이 없었고, 가게 분위기는 어수선했으며, 접객 태도도 별로였다. 이러한 상규들의 창업은 대부분 폐업으로 이어진다. 중개업에서도 마찬가지다. 재미있는 것은 상규들은 자신들의 폐업에 이유가 많다. 경기 탓, 본사 탓 등. 그리고 다음번은 성공하리라 생각하고 계속 창업을 이어간다. 결국은 자기 돈을 포함해 가족들의 돈, 그리고 은행 돈까지 다 날려먹게 된다. 망한 원인이 본인의 숙련도 부족임을 모른다. '숙련도'를 경험한 적이 없기 때문이다.

28년간 사람을 가르쳐온 나도 영수를 대하는 주방장의 마음과 같다. 선배들은 싹수가 없는 후배는 가르치고 싶지 않다. 배울 마음이 강한 후배라면 선배를 먼저 감동시키라고 이야기하고 싶다. 좋은 술집에 가거나 선물을 사주라는 뜻이 아니다. 가르쳐주고 싶은 마음이 들게끔 태도를 취하라는 것이다. 안 가르쳐준다고 생각해도 배울 사람은 다 배우고 있다.

이런 경우를 자세히 들여다보면, 영수와 상규는 애초에 취직 경로부터 다를 수 있다. 상규는 직업소개소를 통해 왔을 가능성이 크다. 반면 영수는 이 주방장이 동네 최고의 중국 요리 전문가라는 사실을 미리 알아보고 왔을 것이다. 어쩌면 오랜 시간 알아보고, 직접 사장에게 취직을 부탁했을지도 모른다.

영수는 왜 그랬을까? 앞서 이야기했듯이, 영수에게는 꿈이 있었기 때문이다. '중국 요리를 잘 배워서 고향에서 중국집 사장이 되는 꿈' 말이다.

꿈을 품고 살아가는 영수와 다방 미스 김만 생각하는 상규의 인생은 이미 다르다. 꿈이 있는 사람은 생각과 생활이 모두 그 목표에 집중되어 있기 때문에 배우려는 마음가짐이 다르다. 그런 다른 마음이 때로는 사장의 인생을 바꿔준다. 나는 직원 덕분에 팔자가 바뀐 사장들을 수없이 보았다. 사장이 잘 스카우트한 직원이 나중에는 그 회사의 은인이 되는 경우도 많다.

부동산 중개업에서도 마찬가지다. 도전하는 병아리 공인중개사들 중 20%는 영수, 나머지 80%는 상규다. 대부분은 입사 첫날 어느 쪽인지 드러난다.

부동산 회사의 사장의 역할을 짚고 넘어가겠다.
처음부터 '영수'가 될 사람을 채용하라! 리크루팅 성공 방법 일 순위는 처음부터 떡잎이 다른 사람을 알아보는 것이다.

# 상황별 지는 방법

사업을 하다 보면, 이기고 지는 문제의 연속이다. 내가 판매하는 상품이 있으면, 같은 시장에서 경쟁 상품을 파는 사람도 반드시 있다. 이 책에서 말하는 '천하무적'의 부동산인이 되려면 말 그대로 적이 없어야 한다. 그렇다면 부동산 중개업에서 '이긴다'는 것은 무엇을 의미할까?

중개업은 2등이 없는 직업이다.

올림픽은 3등까지 메달을 주지만, 계약이라는 결과물에서는 은메달이 없다. 한 건을 성사시키면 전부 내 것이고, 놓치면 아무것도 없다. 그러니 경쟁이 심하고, 억대의 수수료가 오가는 거래라면 더더욱 '치킨 게임' 양상이 나타난다. 상도의(商道義)라는 말은 있지만, 실제 업계에서는 찾기 힘든 경우가 많다. 그리고 이 예의 문제는 경쟁 공인중개사들끼리만 생기는 것이 아니다. 고객 역시 수수료 금액이 크면 아까움을 느끼고, 약속한 태도를 쉽게 저버리기도 한다. 그럼에도 불구하고 나는 부동산 중개업이야말로 반드시 예의를 지켜야 하는 직업이라고 생각한다.

나는 신입 공인중개사들에게 트레이닝을 하거나 팀원들과 영업 회의를 하거나 일상에서 코칭할 때도 대부분 '경쟁에서 이기는 방법'을 가르쳤다. 그들이 수익을 낼 수 있게 돕는 것이 내 역할 중 하나이기 때문이다. 큰 틀에서 지금도 나의 코칭 방향은 업계 경쟁에서 살아남고 이기게 하는 데 맞춰져 있다. 하지만 때로는 일부러 져야 하는 때가 있다. 이는 '사람과의 관계'가 존재하기 때문이다. 인간관계(人間關係)란, 말 그대로 '사람과 사람 사이에서 맺어지는 끈'이다.

부동산 중개업을 시작한 사람은 영업이 어느 정도 궤도에 오르게 되면 다른 직업으로 업종 전환을 잘 하지 않는다. 수입 대비 자유로운 시간 활용이 가능하고, 투자금 대비 고소득을 기대할 수 있으며, 정년이 없는 직업이기 때문이다. 더욱이 한국인들 재산 형성의 90%라고 해도 과언이 아닌 부동산 거래가 직업이기에 투자 정보도 일반인들보다 빠르게 접할 수 있다. 중개를 위해 알게 된 정보로 개인적으로 투자해 성공한 공인중개사들도 많다.

부동산 중개업은 한마디로, 오래할 수 있는 직업이자, 고소득을 빠르게 달성할 수 있는 직업이다. 그리고 생각보다 정직하고 성실한 사람이 성공하는 직업이다.

오랜 기간 고소득을 바라보고 일을 한다면, 가장 중요한 것은 인간관계다. 한 번 보고 다시는 안 볼 사람이라는 것이 존재하지 않는 직업이다. 물론, 고객을 선택하는 일도 얼마든지 가능하고 나쁜 사람을 안 보고 사는 것 역시 자신의 선택이지만, 내가 여기서 이야기하고 싶은 것은 '좋은 거래를 함께할 수 있는 사람'과의 관계다.

나는 늘 신입 공인중개사들에게 묻는다.
"당신의 가장 큰 고객은 누구인가?"
아마, 이 경우 대부분이 '거래처'나 '매수·매도 의뢰인'을 떠올릴 것이다.

하지만 가장 큰 고객은 바로, '옆자리 동료 공인중개사'다.
큰 계약은 혼자서 할 수가 없다.

그리고 수수료가 수 억대인 큰 계약에서 수익을 반으로 나누는 것은 생각보다 아깝지 않다. 왜냐하면, 혼자서 진행하기 힘든 계약이라는 것을 서로 알기 때문이다. 또한, 보증금 1억 원, 월세 1,000만 원 수준의 작은 사무실 계약이라도 옆 동료나 인근 공인중개사와 날을 세울 필요는 없다. 언제, 어떤 형태로든 나와 함께하게 될 가능성이 있기 때문이다. 사람에 대한 투자는 결코 무시해서는 안 된다.

물론, 일방적으로 양보하라는 의미는 아니다. 다만, 전체 수수료가 '1,000만 원'인 계약에서 내가 600만 원을 가져야 한다고 주장하는 분쟁을 벌이지 말라는 뜻이다. 물론, 당연히 이런 이견이 없어지려면 같이 일한 사람들이 각자의 역할을 했다는 전제가 있어야 한다. 그리고 혹여 여러 이유로 누군가 더 많은 일을 했다고 하더라도 일을 더 한 사람 입장에서 상대방이 앞으로 같이하면 좋을 사람이라고 판단되면 '일부러 생색내며 양보하는 모습'도 보일 수 있어야 한다. 대부분의 사람은 내가 일을 더 했는지 덜 했는지 스스로가 안다. 스스로 일을 덜 했다고 생각하는데 수익 배분은 약속대로 균등하게 하게 된다면, 그 신뢰는 생각보다 오래간다.

반대의 경우도 있다. 어떻게든 일을 마무리하긴 했는데, 다시는 일하고 싶지 않은 상황이다. 우리가 중개업을 하는 이유는 유니세프와 같은 전 세계 평화 마인드는 아니기 때문에 상대방의 태도나 일하는 방식이 마음에 들지 않을 때는 그 계약으로 끝내면 된다. 하지만 이런 경우에도 돈에 대한 배분은 상대방과 협의해서 상대방 의견을 상당 부분 수용하고 그 관계를 마무리 짓는 것이 좋다. 다시는 같이 일할 일이 없더라도 돈의 배분은 균등하게 하라는 뜻이다. 이유는 우리가 사람이기 때문이다. 일을 같이 한 공인중개사든 나를 통해 거래한 고객이든 '사람'이라는 존재는 발이 달려 있고 입이 있다.

나에 대한 나쁜 소문이 업계에 돌아다니게 만들지 말라는 뜻이다. "그렇게까지 조심해야 하느냐?"라고 묻는다면, 내 대답은 "그렇다"이다. 평판 관리는 생각보다 훨씬 중요하다.

# 나잇값을
# 해야 하는 이유

'나이가 들수록 입은 닫고, 지갑은 열라'는 말이 있다. 이 글을 쓰면서도 '말이 많은 나'는 그 의미를 곱씹으며 반성을 많이 하게 된다. 나 역시 의식적으로 꼰대 같은 사고를 버리려고 노력하고 있다. 딸들에게 꼰대 같다는 이야기를 들을 때면, 조심해야겠다고 생각하지만, 잘 안 된다. 어른이란, 누가 설명해서 되는 것이 아니라 스스로 공부와 수양을 통해서 점점 나은 사람으로 만들어져가는 과정에서 되는 것이 아닌가 생각해본다.

나이를 떠나서 회사의 사장은 '어른다워야 한다.' 어른의 의미를 사전에서 찾아봤다. '다 자란 사람. 또는 다 자라서 자기 일에 책임을 질 수 있는 사람'이라고 쓰여 있다. 영업 사원인 공인중개사의 관점에서 이야기해본다면 '영업을 혼자서 충분히 할 수 있는 공인중개사'라고 하면 될까? 무언가 이상한 답이라는 생각이 든다. 돈만 잘 벌면 된다고 생각도 들기 때문인데, 어른의 사전적 의미 중에서 '자기 일에 책임을 질 수 있는 사람'이라는 표현을 들어 내 생각을 적어보겠다.

사장으로서, 대표 공인중개사로서의 책임감이란 무엇일까? 내가 느끼고 있는 책임감에 관해 이야기해보겠다. 우리 중개법인은 주식회사고 현재는 50명의 공인중개사로 구성되어 있다. 공인중개사 외에도 중소빌딩 자산관리를 위한 스태프도 3명이 있다. 본사는 국내에서 가장 큰 대형빌딩 자산관리회사다. 내가 가장 중요하게 생각하는 것은 '회사가 회사다워야 한다'는 것이다. 경영도 주먹구구가 아니라, 회사처럼 운영해야 한다.

우리 회사 공인중개사 50명은 모두 '돈'을 벌어야 한다는 생각을 가지고 있다. 물론 실제로는 모든 공인중개사가 매달 고른 수익을 내고 있지는 못하다. 애초에 그런 영업 조직은 없다. 하지만 나는 50명이면 50건 이상의 계약이 나와야 한다고 생각한다. 실제로는 50명 중 10명 정도가 고소득 계약을 한다고 가정한다면, 그 10명이 50건을 해내는 한이 있더라도 회사의 총 계약 건수는 50건을 만들겠다는 것이 내 생각이다. 그리고 그렇게 될 때까지 매니징하는 것이 내가 가진 책임감이다.

주식회사의 숙명은 주주를 만족시키는 것인데, 주주를 만족시키기 위해서는 충분한 배당을 할 수 있는 회사 수익(매출)이 발생해야 한다. 대표에게는 1년 단위의 계획(영업 행군)을 세우고, 매달 진도가 제대로 나가는지를 관리하는 수주·매출의 책임감도 있다.

마지막으로 본사 및 가족회사 간의 시너지가 나게 만들어야 한다. 내 회사만 돈을 잘 벌겠다는 마음, 내 본부, 내 팀만 돈 잘 벌면 된다는 마음은 본부장, 팀장의 마음이고, 사장·대표는 더 큰 틀에서 생각해야 한다. 간혹 내 회사나 조직이 손해를 입더라도 모두가 좋은 방향으로 나아갈 수 있도록 양보할 수 있어야 한다.

나잇값을 한다는 것은 결국 어른스러워야 한다는 말일 것이다. 그렇다면 영업 조직의 사장·대표에게 어른스러움이란 무엇일까? 나는 그것이 '아끼는 마음'에서 비롯된다고 생각한다.

나는 26살에 개인 에이전트 공인중개사로 이 일을 시작했다. 매월 수익이 달랐고 못 버는 달도 있었다. 당시, 팀 선배들은 내게 '이달은 많이 벌면 좋고, 다음 달에는 못 벌 수도 있다'는 생각은 버려야 할 사고방식이라고 가르쳐주었다. 이런 사고는 내가 자산관리 회사, 대기업 부동산 부서 등 규모가 큰 회사 생활을 포함해 28년째 영업을 하면서 더욱 실감하게 되었다. 개인이라면 이달은 벌고 다음 달은 못 벌어도 스스로 감내하면 되지만, 회사의 영업팀, 영업 본부가 수익을 못 내면 온전히 직장 생활을 한다는 것이 불가능해진다.

과거 P모 대기업에 7년간 다녔던 시절을 가끔 생각한다. 당시 우리 사업소는 99명이었고, 나는 우리 사업소에서 LM(임대) 팀장이었다. 그룹사의 오피스빌딩 내 공실을 채우고 관리하는 것이 내가 하는 주된 업무였다. 사내 다른 부서들이 모사 그룹사로부터 정해진 용역비를 받아 해당 기업 부동산의 현상을 잘 유지하거나 가치 증진 솔루션을 주는 형식이라면, 우리 팀은 진행하는 계약이 안 되면 목표로 잡아둔 매출이 펑크가 나는 것이다. 수주 계획과 매출 계획이 거의 연동되지 않은 7년의 세월이 정말 힘들었다. 당시 모시던 전무님께서는 내 업의 특성을 이해하셨고, 유동 매출이 현실화되게 만들기 위해 나를 여러 각도로 매니징하셨다.

나는 그 매니징을 단순한 '푸시'나 '압박'이 아니라,
일종의 책임감으로 받아들였다.

내가 노력했음에도 미달성이 예상되는 경우에는 전무님은 수주 업무를 지원하기 위해 내가 맡은 그룹사로 영업을 같이 가 주셨다. 그룹사 특성상 입사 동기들이 거래처의 발주처인 경우가 많았기 때문이다. 전무님은 입사 동기에게 허리를 조아릴 줄 아셨다. 이런 주고받는 인간관계가 없다면 회사라는 조직은 돌아가지 않는다. 가끔 윗사람으로 군림하기만 하는 상사를 만나는 경우도 있었는데, 그런 사람 중에서 지금 연락되는 사람은 없다. 그룹사의 장들도 이런 자세와 마인드를 가져야 하지만, 중개법인 같은 무에서 유를 창조해야 하는, 계약해야만 돈이 도는 업종의 회사를 경영하는 사장은 더욱 그 책임감이 무거워야 한다.

중개법인의 사장·대표를 포함해서 어떤 조직의 장을 맡고 있는 사람이라면, 먼저 '적자'가 나지 않도록 최선을 다해야 한다. 경영하다 보면 불경기도 만나고 이런저런 사건·사고가 나기 마련이다. 그럼에도 큰 틀에서 조직원 모두가 1년을 살아가기 위한 필요한 수익을 집으로 가져갈 수 있도

록 만들어야 한다. 보통의 중개법인의 공인중개사들은 정규직의 샐러리맨들이 아니라 100% 인센티브제의 위촉직 개인 사업자 형태다. 그렇다고 고정적인 월급을 사장이 주는 것이 아니니 부담 없는 것 아니냐고 생각하면 안 된다. 인센티브 영업 조직이고, 계약이 없으면 수익을 가져가지 못하는 구조이다 보니 공인중개사들이 돈을 못 벌어가는 달이 없게 만들겠다고 생각해야 한다.

다 큰 성인인 공인중개사들이니 스스로 영업을 열심히 하겠지만, 그렇다고 방목 매니징을 해서는 안 된다. 대표라면 매일 출근을 제대로 하는지, 어제는 몇 명의 신규 고객 발굴 활동을 했는지, 지난달에는 인센티브로 1,000만 원을 받았는데 이달에는 수입이 전혀 없는지 등을 확인해야 한다. 특히, 생활비를 제대로 마련했는지, 두 달 연속으로 수익이 없는 상황은 아닌지 살펴야 한다.

만약 그런 일이 발생했다면 반드시 원인을 찾아야 한다. 잘못된 방식으로 영업을 하고 있는 것인지, 일의 양이 부족한 것인지, 혹은 개인적인 사정이 일을 방해하고 있는 것인지, 구체적으로 파악해야 한다. 그리고 문제를 발견했다면, 회사 차원에서 매니징을 통해 개선할 방법을 찾아야 한다. 이런 과정을 책임지고 수행하는 것이 바로 대표(사장)의 역할 중 하나다.

오늘 회사에서 월요회의를 주관했다. 지난달 회사 전체 계약을 리뷰(Review)하고 임대차계약, 매매계약을 한 공인중개사들에게는 축하의 말을 전하며, 모든 공인중개사분에게 다음 달에는 모두 계약할 수 있도록 하자고 격려했다. 내가 영업 사원으로 일할 때 가졌던 '매월 무조건 계약해야 한다'라는 마음을 우리 공인중개사분들의 마음속에도 심어주고 싶다. 그런 마음을 심어주고 매달 그 결실이 나오게 만들겠다는 것이 중개법인 사장·대표가 가져야 할 '책임감'이라고 생각한다.

이순신 장군의 《난중일기(亂中日記)》는 임진왜란 당시, 왜군과의 전투 상황을 기록한 전쟁 일지다. 이순신 장군이 전쟁 중 가장 고민했던 것은 의외로 전투 그 자체가 아니었다. 그의 최대 고민은 부하들의 군량미가 떨어지는 일이었다. 먹고사는 기본이 해결되지 않으면 전쟁은 지속될 수 없다. 영업도 마찬가지다. 영업은 사람이 하는 것이고, 기세가 꺾이면 성과는 급격히 떨어진다.

그럼에도 부동산 중개를 시작하는 사람들 중에는, 자신의 현재 능력과는 무관하게 매출이 높은 분야만을 고집하는 경우가 있다. 물론, 치열하게 공부하고 노력해서 원하는 분야에서 두각을 나타내는 사람도 있다. 하지만 이는 매우 드문 경우다.

그래서 나는 부동산 일을 처음 시작하는 사람에게 반드시 묻는다.
"당신이 하고 싶은 일과 꿈은 무엇인가?"
그리고 이렇게 조언한다. 처음에는 '돈이 되는 일', '빠르게 수익이 발생하는 일'에 집중하라고. 하고 싶은 일을 오래 하려면, 우선 먹거리를 해결하는 것이 최우선이기 때문이다.

부동산을 직업으로 선택하는 사람 중에는 나에게 자신이 어떻게 해야 할지를 물어보는 사람이 있다. 그런데 부동산업에는 정말 다양한 분야가 있다. 어떤 회사에서 일을 시작하는가에 따라서 우선적으로 해야 할 일이 달라지고, 회사마다 빠르게 돈을 벌 수 있는 방법이 다르다. 그 회사에 최적화된 방식으로 일을 배우고 시작해야 돈을 벌 수 있다. 빌딩 매매를 통해 부동산 일을 시작하려는 사람과 사무실 임대차로 시작하려는 사람, 아파트 중개를 하려는 사람은 시작해야 할 회사도 각각 다 다르다. 본인이 하고 싶은 일을 집중적으로 하는 회사 중에서도 올바른 회사를 선택하는 안목이 필요하다.

중개업에서 성공하기 위한 가장 중요한 첫 번째 선택은 바로, 올바른 회사를 선택하는 것이다. 그리고 입사(또는 합류) 후에는 그 회사가 가진 장점을 최대한 발휘해 그 회사 시스템상 가장 빠르게 계약할 수 있는 업무에 집중해야 한다.

정리하자면, 부동산 중개법인의 사장·대표가 나잇값을 한다는 것은 곧 어른다운 마인드를 갖는 것이다. 소속 공인중개사들이 돈을 벌어야 그들도 생활을 이어갈 수 있다는 사실을 늘 마음속에 품고 있어야 한다.

따라서 대표는 이들을 매니징하고, 때로는 잘못된 영업 방향이나 돈이 되지 않는 행동을 하고 있을 때 즉시 바로잡아줄 수 있어야 한다. 그것이 어른다운 리더십이며, 대표가 반드시 책임져야 할 역할이다.

소노 아야코(曽野綾子)의 《때로는 멀리 떨어져 산다》에서는 삶의 보람이라는 것은 사실 의외의 상황과 장소에 존재하며, 관대한 사람이 아닌 엄한 사람이 보람을 느끼게 해줄 가능성이 크다고 한다. 이를 부동산 업계에 적용해본다면, 강한 영업 푸시(PUSH)를 하고, 심지어 부하 공인중개사에게 뒷담화를 들을 정도로 일을 밀어붙인다고 하더라도 중요한 것은 신입 공인중개사가 빨리 생활에 필요한 최소한의 돈을 벌게 해주는 것이다.

# 영업 사원들을 아무 때나
# 쫄게 만들지 마라!

네이버 어학사전에 따르면, '쫄다'는 '위협적이거나 압도하는 대상 앞에서 겁을 먹거나 기를 펴지 못하다'라는 뜻을 나타내는 경상도 사투리다. 표준어는 '졸다'이므로, 표준어인 '졸다'를 쓸 것을 권한다고 한다.

그렇다면 영업을 직업으로 삼는 공인중개사가 겁을 먹는 순간은 언제일까? 당연히 모르는 사람과 처음 만날 때다. 사실 직업과 상관없이 낯선 사람을 만나는 것은 누구에게나 어색하고 달갑지 않은 경험이다. 그러나 '영업'을 업으로 삼은 이들에게는 피할 수 없는 숙명과도 같다.

따라서 부동산 회사 사장은 소속 공인중개사들이 일상에서 마주할 수밖에 없는 만남을 조금이라도 '편하게' 만들 수 있는 다양한 방법을 고민하고 제공해야 한다. 쉽게 말해, 소속 영업사원들이 불필요하게 마음을 졸이지 않도록 도와주어야 한다는 것이다.

부동산 중개법인이 아니더라도 영업 조직에 따라 그 조직에 맞는 어색함 없애는 방법, 얼굴에 철판을 깔 수 있는 방법을 연구해야 하고, 그 방법이 시대에 맞기도 해야 한다. 과거 일본 영업 조직의 영향인지, 1970년대 우리나라 영업 조직은 신입 직원들에게 남대문, 서울역 등 사람이 많은 곳에서 자기소개를 하거나 교육용 스크립트를 외치게 만들기도했다. 불특정 다수를 상대로 상품을 판매하게 만들어 일부러 창피한 경험을 시키던 것이다. 이것은 지금 시대의 방식과는 맞지 않을 것이다.

이제는 판매하는 상품의 특성과 시대적 흐름에 맞는, 보다 효과적인 고객 접점 방식을 마련해야 한다. 영업 사원들이 고객을 만나는 순간을 불필요하게 힘들고 불안하게 만들 것이 아니라, 편안하고 자연스럽게 느낄수 있도록 환경을 조성해야 한다.

이것에는 두 가지 포인트가 있다. 영업하는 공인중개사들 자체가 두려움이 없게 만들어주는 '트레이닝'과 회사 차원의 '두려움 방지 키트'다.

먼저, 트레이닝을 이야기해보자! 이 책 이전에 내가 쓴 《공인중개사 창업·취업 완벽 가이드북》이나 《연봉 10억 공인중개사의 영업 비밀》을 읽어보면 고객과의 접점에 그냥 무작정 찾아가는 것이 아니라 상황별 고객 대응 스크립트를 가지고 만나야 하며, 그 접점이 전화 통화인 경우에는 더욱 철저히 대본을 미리 작성해서 동료, 또는 자기 혼자라도 역할 놀이를 하라고 강조하고 있다. 이런 상황별 고객 대응력을 학습시키는 것은 회사의 몫이다. 공인중개사 개개인의 노력에 따라 숙련도를 향상시키는 시간을 단축할 수 있을 것이다.

막상 하고 나면 아무것도 아닌 것이 처음일 때는 너무나 어렵다. 모르는 사람에게 처음 전화를 거는 것이나 누군가와의 첫 만남이 그렇다. 그러나 막상 첫 만남, 첫 통화가 끝나고 나면 아무것도 아니라는 것을 깨닫게 된다.

그 아무것도 아니라는 것을 아는 순간에 회사 사장이나 트레이너가 옆에 있어주라는 뜻이다. 트레이닝 과정상 옆에서 직관하며 해보라고 시킬수도 있고, 회사 차원의 정기적인 마케팅 데이(Marketing Day) 혹은 이벤트 등을 정해서 특정일, 특정 시간에 전 직원이 모여서 콜드 콜을 하거나 사내 영업 사원이 수주한 건물에 같이 단체 답사를 가보는 것이다. 영업 활동 중에는 반드시 필요하지만, 막상 시도하려고 하면 머뭇거리게 되는 '어색한 순간'들이 있다. 이 순간을 '자연스러운 순간'으로 만들어주는 트레이닝을 해보라는 것이다. 보통 신입 영업 사원들에게 이런 트레이닝을 시키고 난 후, 끝나고 보면 그들의 발그레 상기된 얼굴에 작은 성취감 같은 것이 보인다.

그러다 보면 '에이, 막상 해보니 아무것도 아니네' 하게 된다. 맞다. 모르는 사람이지만 상대방과의 통화가 어떻게 끝나든지 수화기 너머에 있는 모르는 사람은 나를 잡아먹지 않는다. 물론, 기분은 나쁘게 만들 수 있지만, 그런 기분 나쁨을 툭 하고 차버리는 강한 정신력으로 사장·대표가 만들어주라는 뜻이다.

그런데 트레이닝을 통해 '작은 성취감'을 얻은 경우에도 그다음 날, 또 그다음 날에 그냥 두게 되면, 백신(작은 성취감)의 효과는 떨어지고 원점으로 돌아가게 된다. 백신 효과가 남아 있는 당일이나 그다음 날에 회사(사장, 대표, 팀장, 트레이너, 사내 코치 등)는 해당 영업 사원에게 몰입 트레이닝을 실시해야 한다. 하루에 50통, 100통의 숨 막히는 콜드 콜을 실행하게 하는 것이다. 여기서 효과가 극대화되려면 옆에서 지켜보는 상황에서 전화하게 한 후, 한 통이 끝날 때마다 멘트를 수정해주는 것이다. 이는 대응력을 최대한 끌어올려 준다.

고객과의 만남, 영업에 같은 상황은 하나도 없다. 그러나 대응력이 향상되면 응용할 수 있게 되고, 실제 고객과의 접촉량도 늘어나기에 아무리 신입 공인중개사라도 6개월 동안 몰입을 충실히 해낸다면 이후의 영업은 매우 자연스럽게 이루어질 것이다. 사람과의 만남을 두려워하지 않게 될 것이다.

물론 그렇다고 하더라도 이후에도 회사의 트레이닝은 이어진다. 예를 들어, 고객에게 부동산 자산에 대한 대행권(전속 중개, 임대 대행, 임차 대행, 각종 컨설팅 등 수주 업무)을 획득하기 위해 1차, 2차, 3차, 지속적인 방문 및 미팅 시 요령, 1차 미팅에서 준비할 것과 그 이후에 처음과는 다른 제안 및 멘트로 고객을 만날 때, 준비해야 할 것들을 세세히 트레이닝시켜야 한다. 고객과 만나서 이뤄지는 모든 상황을 사내에서 시뮬레이션해보고 현장에 나가게 만들면 효과적이다.

그냥 교육이 아니다.

신입 공인중개사가 실제 영업 과정에서 마주하게 되는 상황을 기반으로 한다. 전화 응대, 만남, 제안, 2차·3차 제안, 제안서 만들기, 제안서를 만들기 위한 리서치, 조사 과정에서의 대화 요령과 필요한 정보 끌어내기, 제안 설명 시의 화법과 시뮬레이션 등이 모두 포함된다.

프레젠테이션 역시 상황에 따라 달라진다. 노트북을 들고 할 때와 인쇄물로 할 때, 그리고 큰 회의실에서 발표 형식으로 할 때가 각각 다르다. 이런 세부적인 상황에 대응할 수 있도록 사내 교육을 계획하고 실행하게 하면서, 소속 영업 사원들 스스로가 '나는 이 회사에서 성장하고 있다. 이곳은 나에게 소중한 터전이다'라고 느끼게 만들어줘야 한다.

사장은 매월·매주 정기 교육 프로그램을 계획하고, 신입과 경력에 맞는 실무교육, 마인드 교육 등의 계획을 매년 세우는 것이 필요하다. 이것이 곧 회사의 지속 성장과 영업 성과로 이어진다.

그냥 알아서 성장해서 돈을 잘 버는 영업 사원은 거의 없다. 있기는 하지만 그런 사람들은 '내 직원'이 되지 않는다. 월급을 많이 준다고 해서 충성심이 생기는 것도 아니다. 막말로, 당신의 회사에 붙어 있고 싶게 만들라는 말이다. 마음을 얻으려면 마음을 먼저 줘라! 이런 믿음은 충성심

(Loyalty)을 만들어준다. 이것은 때로는 자신이 속한 조직의 일원으로서의 자부심일 수도 있고, 동질감일 수도 있다. 이런 마음을 가진 소속원이 많으면 많을수록 회사 성장은 탄력을 받는다.

충성심이 있는 직원들은 사장과 같은 마음으로 신입 직원의 어려움을 바라보고 알려주며, 돌보는 마음을 갖는다. 심지어 본인들도 사장처럼 리크루팅, 리텐션, 터미네이션이라는 경영 마인드를 가지고 영업을 하게 된다. 어떤 영업 조직은 수십 명, 수백 명 규모로 인원이 증가하는데, 그 성장세 뒤에는 자부심과 충성심을 갖춘 선배들이 많다.

앞서 이야기한 트레이닝을 뒷받침하는 다양한 회사 소개서, 균형 잡힌 각종 서류 양식들, 사내 마케팅 굿즈(Marketing Goods), 고객에게 보여지는 각종 디자인류(서류 양식, 화일류, 봉투, 판촉물 등), 사내 상품들도 꾸준히 연구·개발할 필요가 있다. 사업 초기부터 모든 것을 갖추기는 어렵지만, 사장은 단계별로 개발해 도입할 것들의 리스트를 미리 만들어둘 필요가 있다. 사장은 영업뿐만 아니라 회사가 회사다워지도록 끊임없이 고민해야 한다. 이런 단계별 성장 프로그램이 없어도 회사는 5명, 10명의 규모까지는 가능하지만, 50명, 100명, 500명의 회사는 만들지 못한다

간혹, 모든 시스템을 갖춘 오래된 프랜차이즈 회사들도 많다. 그러나 아무리 시스템이 좋아도 그것을 100% 활용하지 못하면 소용이 없다. 더구나 한국에서는 프랜차이즈 시스템 안에서 중개업을 제대로 배울 수 있는 회사는 거의 없다. 중개 영업을 배울 수 있는 회사들은 여럿 있지만, 중

개 경영을 배울 수 있는 회사는 찾기 어렵다.

사장 스스로 경영을 위한 준비가 안 된 상태에서 브랜드에 가입해도 저절로 무언가 해줄 것이라고 기대하면 안 된다. 생각보다 알아서 해주는 것은 없다. 필요한 것을 스스로 찾아 먹을 수 있어야 한다. 그리고 뭘 알아야 찾아 먹을 수도 있는 것이다. 영업하는 공인중개사들이 외부에서 고객을 찾는 시작 시점부터 계약 성사까지의 전체 과정에서, 모든 단계를 그들이 스스로 알아서 할 수 있다고 생각하지 말라. 미리 준비시키고, 교육해서 일할 수 있는 상태로 만들어주는 것이 그들을 '쫄지' 않게 만드는 것이다.

# 망상과 세일즈 성공의 상관관계
## - 상상의 끝은 실현

동기부여 영상 같은 것들이 셀 수도 없을 만큼 유튜브, 인스타그램의 세계에서 돌아다닌다. 많은 동기부여 강사들은 '이미 성공했다고 생각하라'고 이야기하기도 하고, '성공한 것처럼 행동하라'고 한다. 이런 마인드 컨트롤을 하는 것은 나쁘지 않다고 생각한다. 이는 미래를 이미 현실로 착각하게 만들어 뇌를 조종하고, 나의 뇌가 성공자의 뇌처럼 생각하도록 해서 이를 바탕으로 목표를 실현할 수밖에 없게 만드는 것이다.

'멍때림'

내가 좋아하는 표현이다. 다양한 방법 속에서 나는 수시로 멍을 때린다. '생각한다'라는 표현과는 약간 다른데, 뇌가 스스로 연산하도록 유도하는 과정이라고 설명하고 싶다. 당연히 멍때림도 효과적으로 하려면 각자 나름대로 연구해야 한다. 내가 말하고자 하는 멍때림은 넋을 놓는 것과는 다르다. 오히려 적합한 솔루션을 찾기 위해 머릿속에서 잡념을 없애고, 진공 상태로 만들어서 뇌가 최적의 답을 계산하게 만드는 것이다. 명상을 할 수도 있고, 존경하는 작가 무라카미 하루키처럼 생각하기 위해 달리기를 하는 것도 스스로 만들어낸 '멍때림' 방법이라고 생각한다.

부동산 중개라는 직업도 마찬가지다. 타인의 재산을 다루거나, 타인의 건강 등 안위와 직결된 직업을 가진 사람들은 한번 판단을 잘못하면 재산상이나 신체에 큰 피해를 줄 수 있다. 세일즈를 업으로 하는 공인중개사로 평생을 살다 보면, 머리가 깨질 듯한 고민을 해야 하는 순간이 수시로 발생한다. 부동산 거래 당사자 간 마음의 합치를 이끌어내야 하는데, 이것은 공산품처럼 어느 편의점에 가도 동일한 담뱃값, 콜라값이 나오는 상황과는 다르다.

물론 일반 공산품도 수요·공급과 원가에 따라 가격이 변하지만, 정상적인 국가 상황이라면 그 변화 폭은 감당 가능한 수준이다. 반면 부동산 가격은 작은 차이만 나도 금액적으로는 결코 작지 않다. 콜라 한 캔이 2,000원일 때 50원 오르내리는 건 쉽게 결정할 수 있지만, 2,000억 원짜리 빌딩 가격에서 50억 원의 차이를 매수자와 매도자가 타협하는 건 쉽지 않다. 이는 단적인 예지만, 사람과 사람 사이의 다른 의견을 하나로 모으는 데 있어 중간자의 역할이 얼마나 중요한지를 보여준다.

규모가 큰 거래에서는 매수자 측과 매도자 측 각각을 대리하는 컨설턴트가 별도로 있는 경우가 많다. 그러나 일방 대리인이라 하더라도 거래를 성사시키기 위해서는, 때로는 불리한 조건이라도 객관적인 데이터와 시장 상황을 근거로 고객을 설득해야 할 때가 많다. 이때 어떤 자료를 선택하고, 어떤 방식으로 제시할지 결정하는 과정은 상당한 스트레스가 따른다. 나는 이런 상황에서 고객을 위한 최선의 솔루션을 찾아내기 위해 24시간 고민을 이어가야 한다고 생각한다. 심지어 잠을 자는 동안에도 뇌가 계속 연산하도록 만드는 방법을 '멍때림'의 한 형태로 본다.

마치 방탈출 게임처럼 해결책을 찾지 못하면 끝이 없는 것이다.
계약 성사 방법을 찾아내지 못하면 소득은 곧 '제로'다.

다소 극단적인 직업이다 보니 적당한 고민으로는 해결되지 않는다. 그렇지만 긍정적인 점도 있다. 일이 성공하고 돈을 벌면 일반 직장인의 연봉을 월급으로 벌 수 있는 좋은 직업이다. 물론 그만큼 간이 12배는 더 녹는다. 세상에 공짜는 없으니 당연한 일이고, 이를 감수할 사람만 '영업'의 세계에 뛰어들어야 한다. 이런 영업의 세계에서 결실을 맺고, 혼자만 잘하는 데서 그치지 않고 더 큰 거래와 안정적인 매출을 위해 나는 개인 공인중개사가 아닌 부동산 회사를 창업했다.

사장은 영업 사원의 수가 늘어남에 비례해 스트레스도 늘어난다. 1명이 10명이 되었다고 스트레스가 10배가 되는 것은 아니지만, 상당한 스트레스를 받게 된다. 그리고 늘어난 스트레스의 비율 이상으로 수익도 늘어나기를 바라며 사장도 사장의 행군(行軍)을 하는 것이다.

사장은 번아웃이 오면 안 된다.
선장이 무너지면 배는 침몰한다.
사장에게는 사장의 의무가 있다!

아무리 힘들어도 올바른 판단을 위한 신선한 정신 상태를 유지해야 한다. 평소 생활도 매우 규칙적이고 정갈해야 한다. 술을 마시면 다음 날 일어나기 힘든 사람이라면 영업 조직의 사장을 하지 말거나, 술을 끊거나 둘 중 하나를 선택해야 한다.

술을 마시고 컨디션이 좋지 않으면 하루쯤 회사에 늦거나 휴가 낼 수 있지'라고 생각하는 것은 잘못된 생각은 아니다. 하지만 사장은 그러면 안 된다.

회사에 나오지 않는 날에도 사장의 결석 이유가 직원들이 보기에 떳떳해야 한다. 별것 아닌 일에도 직원들에게 빌미를 주지 말라는 뜻이다. 나도 그렇게 못하는 경우가 많기는 하지만, 나는 스스로에게 내리는 징벌 수위가 높은 편이다. 내가 나를 징벌하지 않도록 스스로 조심한다. 나를 아는 사람들은 잘 알 것이다. 나는 술을 전혀 마시지 않는다. '나중에 술 한잔해요!'라고 말하는 사람은 나를 잘 모르는 사람이다. 나는 안 하겠다고 결심하면 하지 않는 편이고, 그것을 지키는 것이 더 편하다(술맛 자체를 모른다. 관심이 없다. 대신 커피는 중독 수준으로 마신다. 아마 하루 10잔은 마실 것이다).

여기서 하고 싶은 말의 핵심은, 온 정신을 유지할 수 있도록 일상을 잘 관리하라는 것이다.

사장이 아닌 영업 사원이나 직원은 퍼져도 대체 인력이 있지만, 사장이 퍼지면 대체 인력이 없다. 회사라는 자동차가 '펑크' 나는 것과 같다.

그렇다면 사장도 인간인데, 스트레스 관리는 어떻게 해야 할까? 지속적이고 긍정적이며 발전적인 활동을 찾아야 한다. 자신이 좋아하는 것에서 시작하는 것이 좋다.

운동을 좋아한다면 한 종목을 정해서 시작하라. 가능한 한 운동 효과는 있으면서 시간 소모가 적은 것을 권한다. 사장은 새벽에 골프장에 가서 골프를 치고, 밥 먹고, 술을 마시고, 저녁에 돌아와 피곤함을 일요일 낮잠으로 푸는 습관은 피해야 한다. 팀장·임원이라면 몰라도, 사장은 주말에도 조직 관리, 자금, 리크루팅 등 일의 스위치가 켜져 있어야 하기 때문이다.

사장의 작은 나태함은 직원들에게 금세 감지되고, 조직이 무너지는 데에는 쌓아 올리는 데 걸린 시간의 1/100도 채 걸리지 않는다. 이 말은 골프라는 종목 자체를 비하하려는 것이 아니다. 나 역시 한때 골프를 배웠지만, 다른 일들로 인해 시간을 효율적으로 써야 했기에 중단했을 뿐이다. 어디까지나 개인적인 생각이지만, 사장의 시간은 곧 조직의 생명줄이라는 점은 변함없는 사실이다.

권하는 '스트레스 해소 + 멍때림(솔루션 생각해내기)' 방법은, 독서, 글쓰기, 집 근처 종교시설(절, 교회, 성당)에 들러 명상하기, 드라이브(출퇴근 시간을 활용해 차 안에서 생각하기), 주말에 동네 공원이나 인근 산에서 2~3시간 가볍게 산책하기 등이다.

사장의 모든 활동은 정신과 에너지를 충전해 평상시 회사를 위해 써야 한다. 영업 사원들이 무작위로 전국 부동산 이슈를 던질 것이고, 그것에 빠르게 조언하고 적합한 지시를 내리는 능력이 필요하다. 솔직히 '우리 사장님은 매일 술 먹고 회사에 늦는다'보다는 '우리 사장은 새벽에 와서 책 읽고 있다'가 더 낫지 않은가? 일부러 욕을 먹고 살 필요는 없다.

# 직업을 넓힌다는 것은?
## - 부캐를 계속 만들어가는 N잡러들

나는 몇 개의 직업을 갖고 있을까? 우리는 지금 100세 시대를 살고 있다. 얼마 전 유튜브에서 본 한 영상이 큰 웃음을 줬다. 100살까지가 아니라 80살 정도 살고 죽겠다고 생각하는 사람이라면 굳이 건강관리도, 운동도 하지 말고, 패스트푸드 위주의 식사에 술·담배도 마음껏 하라는 내용이었다. 의학의 발전이 아무렇게나 살아도 80세까지는 살게 해준다는 이야기였다.

하지만 나는 오래 사는 것보다, 내 의지대로 움직이고 생활할 수 있는 '온전한 작동' 기간까지 사는 것이 더 중요하다. 그런 의미에서 앞으로 남은 수명은 15년 정도라고 가정해본다. 남은 인생 배터리가 15년뿐이라고 생각하면 마음이 복잡해진다(물론 15년보다 더 사는 것은 하늘의 뜻이고, 15년은 내가 생각하는 온전한 작동 기간이다. 2025년 기준 대한민국 남성의 기대수명이 약 80세, 건강 기대수명이 약 69세라고 하니 내 계산이 크게 틀린 것도 아니다. 이렇게 쓰다 보니 앞으로의 15년은 정말 잘 살아야겠다는 생각이 든다).

내가 추구하는 N잡러 마인드는 단순히 수익 채널을 여러 개 확보하려는 차원의 '부캐' 늘리기가 아니라, 남은 인생에서 못 다 한 일들을 실현해보려는 '도전 정신'에 가깝다. 다만 원칙이 있다. 내 본캐(본업)는 부동산업이며, 부캐는 본캐의 확장선상에 있어야 한다는 것이다. 부동산업 중에서도 나는 특히 LMer(Leasing Management + er, 임대 대행)라고 할 수 있다. 28년간 임대차와 매매 업무를 골고루 다뤄왔지만, 주 업무는 빌딩 임대 대행이었다(규모가 커진 부동산 회사들은 임대·임차, 매도·매수를 각각 나눠서 진행한다).

- **부동산이 메인 직업(특히, LMer) :** 사람들은 나를 만난 시기의 직함에 따라 대표, 노 상무, 노 팀장, 노 부사장 등으로 부른다.
- **평생 신입을 가르칠 기회를 병행 :** 사내 트레이너였고, 덕분에 지금은 학원 강사를 부캐로 갖고 있다. 낮에는 본업을 하고, 저녁 주 1~2회 강의를 한다. 이 자리에서 만나는 사람들은 나를 '교수님'이라고 부른다.
- **학원 외 언론기관·대학원 특강 :** 이때는 회사 직함인 '대표'로 불린다.
- **작가 :** 2021년 첫 책을 시작으로 지금까지 부동산·자기계발서 5권을 썼다. 이 직업에서는 '작가님'이라고 불린다.

나는 한 사람인데, 이렇게 다양한 이름으로 불리는 게 꽤 재미있다. 내 부캐들은 대부분 본캐의 확장판이지, 별도의 시간과 노력을 크게 들이는 일은 아니다. 앞으로도 본캐에서 파생된 여러 부캐를 만들어보고 싶다. 1년 전까지 본사 LM본부장을 겸직했었는데 같은 회사에서 여러 업무를 맡게 된 것이 안 힘드냐고 물어보는 사람들도 있었지만 나는 오히려 일폭탄 맞는 것은 좋아한다. 그 일이 내가 할 수 있고 좋아하는 것이라면 말이다.

작가라는 이름이 처음에는 어색했지만 6번째, 7번째 책을 쓰고 있는 지금은 어느새 이 직업에 익숙해지고 있다. 서점에 내가 쓴 책이 10권이 되는 시점까지는 주말마다 쉬지 않고 쓰고 싶다(사실 속마음은 주말, 저녁 등의 모든 시간에 부캐 없이 본캐로만 돌아가는 삶을 살고 싶지만 본캐를 24시간 돌리기에는 같이 일할 사람이 부족하다).

첫 책이 나왔을 때, 내 개인 사무실에서 '작은 서점'을 열었다. 정식 서점을 오픈한 것이 아니고 당시 부캐로 운영하던 커피숍에서 저녁에만 팝업으로 열었다. 두 달짜리 팝업 서점이었다. 서점 이름은 '한 권만 파는 심야 서점'이었다. 내 책 출간을 축하해주기 위해 과거 동료, 팀원들, 당시의 동료, 팀원들이 퇴근 후에 나의 심야 책방을 찾아주었다. 서점을 핑계로 사람들을 만나는 것이 너무 좋았다. 서점이라는 이름이었지만 책을 팔지는 않았다. 저자 입장에서는 책은 교보문고나 예스24에서 사주는 것을 좋아한다. 책 판매 순위를 올리고 싶은 것은 모든 저자들의 마음일 것이다.

최근 6번째 책을 준비하면서, 2025년 7~8월 말 다시 두 달간 팝업 서점을 운영하고 있다. 이번에는 내 책 5권을 중심으로 서점을 운영하면서 앞으로 나올 6번째 책을 홍보하기 위한 프리 마케팅(Pre Marketing)이다. 지난번 심야 서점은 거의 매일 평일 저녁 7~11시까지 운영했었는데, 이번에는 수, 목요일 이틀만 운영했다.

하루에 사전 예약한 한 분(한 팀)만 방문하는 예약제 심야 서점으로 운영하고 있다. 서점 이름은 '심야 서점'이라고 붙이고, 내 개인 사무실(1층)에 노렌(のれん)을 걸었다. 일본식 간판인 노렌을 빨간색으로 만들어 걸었는데, 이자카야로 오해받을까 봐 한글로 '심야 서점'이라고 함께 붙였다. 부캐로 서점 주인을 하나 더 추가한 셈이다. 사실 서점 주인이라기보다 서점 주인 '코스프레'가 맞겠다. 퇴근 후, 서점 공간의 불을 환하게 켜고, 서점 주인용으로 맞춘 옷을 입은 채 예약 손님을 기다리는 수요일과 목요일 저녁 시간이 즐겁다.

앞에서 멍때림과 부동산 사장의 번아웃 방지에 대해 이야기했다. 나는 10여 년 전부터 나만의 리프레쉬 프로그램(Refresh Program)을 여러 가지 가지고 있다. 그중 하나가 여행이다. 도쿄로 짧게 짧게 부동산 견학을 다닌 지도 어느새 10년이 넘었다. 일본의 도시를 50번 이상, 그중 대부분은 도쿄를 다녀왔다. 이제 누가 도쿄를 간다고 하면 웬만한 여행사보다 일정표를 더 잘 짜줄 수 있다. 물론 부동산 업계 사람에게 맞춘 일정표다(내 사전에 관광은 없다).

한동안 코로나 팬데믹으로 해마다 5번은 가던 도쿄를 못 가게 되었다. 짧게는 1박 2일, 보통은 3박 4일 정도로 두세 달에 한 번씩 가서 하루에 3~4만 보씩 걸으면서 다니던 빌딩 견학을 못 하게 되니 그 대체지를 찾게 되었다. 그곳이 바로 속초다. 2025년 7월 15일, 이 글을 쓰는 시점까지 나의 속초 탐험은 275번을 넘어섰다. 이제는 도쿄와 속초의 길을 일본 사람이나 속초 사람보다 더 잘 아는 경우가 많다. 코로나 시기, 클럽하우스 등의 음성 기반 SNS에서 거의 매일 만나던 이기주 작가님께서 내 별명을 '속초 탐험가'라 붙여주셨다. 이 책 뒷부분에는 나의 도쿄 탐험, 커피 탐험, 속초 탐험 이야기를 별도로 쓸 예정이다. 이 장에서는 내가 속초 탐험가라는 부캐도 갖고 있다는 말로 마무리하겠다. 네이버에 내 이름을 검색하면, 본캐와 부캐를 모두 엿볼 수 있도록 SNS 링크를 정리해두었다. 속초 탐험가를 제외하고는 전부 공개 계정이니 많이 팔로우해주시길 바란다.

SNS 이야기가 나왔으니 덧붙이자면, 나는 유튜브 채널도 운영하고 있다. 구독자는 많지 않지만, 400개가 넘는 영상을 올린 '유튜버'이기도 하다. 언젠가 알고리즘의 은혜를 입어 '떡상'하길 바란다. 기업이나 사람이나 평생 같은 일을 유지하는 경우도 있지만, 바뀌거나 늘어나는 경우도 있다. 나는 일단 늘리는 쪽이다. 베이스는 부동산업이지만, 누가 알겠는가? 죽기 전에 책을 30~50권 써놓고 눈을 감을 수도 있고, 작은 건물들이 점점 늘어나 골목길을 지배하는 동네 건물주로 눈을 감을 수도 있다.

요즘 나는 이런 말을 자주 한다. "죽음이 끝이 아니다." 내 관 뚜껑을 가족들이 닫는 그날까지 내가 무엇을 하다가 세상을 떠나는지가 중요하다. 그래서 나는 본캐와 부캐 모두를 사랑한다.

여기서는 말하지 않았지만, 사실 내가 가진 타이틀 중 제일 좋은 것은 '연우·연주 아빠'다.

# 불안을 달고 사는 삶을
# 사는 이유

불안감을 느낀다는 것은 안 좋은 것일까?

천하태평하게 사는 것이 정말 좋은 것일까?

나는 개인적으로, 사람은 어느 정도 불안감을 가지고 있는 것이 세상을 잘 살아가고 있다는 증거라고 생각한다.

이 책은 나처럼 영업 조직의 사장이거나 영업팀을 운영하는 리더들에게 나의 고민과 해결 방법을 공유하는 동시에, 내가 나 자신에게 이렇게 하라고 말하는 이중의 목적을 갖고 쓰고 있다. 나는 28년 동안 아침 7시 전에 출근해왔다. 심지어 포○○ 기업에 다닐 때를 제외하면, 나는 샐러리맨이 아니었다. 내가 가장 좋아하는 단어는 '에이전트'다. 부동산 세일즈를 하는 영업맨이라는 뜻이다.

나는 매월 5일, 23일과 같이 정해진 날짜에 월급이 '탁' 입금되는 삶이 아니라, 계약을 해야 돈이 들어오는 수입 구조에 더 익숙하다. 어린 나이에 결혼했고, 29살에 큰딸이 태어났다. 필요한 수입이 들어오지 않으면 아이는 굶는다. 물론 현실적으로 아이를 굶기지는 않지만, '아빠'라는 직업을 가진 사람이라면 '돈이 안 벌릴 수도 있다'라는 생각 자체를 해서는 안 된다.

'연우야, 아빠가 이번 달 필요한 돈을 반밖에 못 벌었는데, 고통 분담 차원에서 분유도 반만 먹자' 이런 말을 아이에게 하고 싶은 부모는 없을 것이다. 그러나 믿는 구석이 있거나 부모가 여유 있는 사람은, 스스로 수입이 없다는 사실을 실감하지 못한다. 통장에 돈이 있더라도 그게 내가 번 돈이 아니라면, 그것은 자식을 굶기는 것과 다름없다. 실제로 굶기지 않더라도, 내 손으로 못 벌고 있을 때는 강한 경각심을 가져야 한다. 나만 그런 생각을 하는 것은 아닐 것이다.

'이달에 돈을 못 벌면 어떻게 하지?'
이런 강박, 불안, 초조, 긴장은 영업력을 올리는 가장 큰 에너지원이다.

당신이 부동산 회사의 사장이라면, 내가 이 책에서 여러 번 강조한 영업 조직 성공의 3요소인 '리크루팅', '리텐션', '터미네이션'을 다시 떠올려보길 바란다. 이 중 단연코 1순위는 리크루팅이다.

부동산 중개법인 사장인 당신이 1순위로 채용해야 할 공인중개사는 바로 '못 벌면 큰일이 나는, 아기 아빠'다. 예전 회사에서 신입 직원 수백 명의 이력서를 6시그마 연구 과제로 분석한 적이 있다. 당시 우리 회사에 입사했던 사람 중 가장 빠른 고소득을 낸 사람들의 이력서를 분석한 것이다. 그 결과는 뻔했다.

결론은 돈이 꼭 필요한 사람이다.
구체적으로 말하자면, 다음과 같다.

- 나이 29~32세 남성
- 이공계 전공, 기업 근무 경력 2~3년 이상
- 기혼, 아이 1~2명, 외벌이
- 서울·경기권 거주, 방 2개 정도 아파트 또는 빌라
- 생활비는 6개월 정도 버틸 저금만 보유

이런 스펙이 내가 영업 사원을 채용할 때 가장 선호하는 조건이다. '스카이' 등의 명문대 출신 여부보다 중요한 것은, 돈이 필요한 사람이다. 돈이 필요한 사람이 돈을 번다.

이런 사람들은 입사 첫날 교육실에 들어오면 눈빛부터 다르다. 내가 학원이나 대학원에서 강의하는 것보다 내 직원 트레이닝을 더 좋아하는 이유도 여기에 있다. 눈빛에 '돈이 필요하다'는 절실함이 있는 사람은 회사 트레이너나 팀장이 시키는 일을 반드시 한다. 오히려 더 물어본다. 나를

들들 볶는다. 나는 그렇게 들볶이는 게 좋다. 진짜 화나는 건 일을 안 하거나 게으른 사람, 시키는 것을 안 하는 사람이다.

내 코치이셨던 첫 직장 회장님이 해주신 말이 있다.

"배고프다고 말하지 않는 사람에겐 밥을 주지 않는다."

"물어보지 않는 사람에게는 먼저 답을 알려주지 않는다."

불안감을 느끼며 영업을 시작하는 사람을 리크루팅하라!

"지금 불안하십니까? 사장도 불안을 느껴야죠!"

# 초능력도 없고 무당도 아닌데
# 알아내는 능력

무속의 세계는 잘 모른다. 영화 〈파묘〉, 〈신명〉, 〈곡성〉 같은 작품 속에서 본 것이 내가 경험한 무속 세계의 전부다. 초능력이라고 해도 마찬가지다. 그것은 완전히 SF 속 이야기이며, 영화 〈슈퍼맨〉, 〈원더 우먼〉, 〈캡틴 아메리카〉에서나 접하는 세계다. 하지만 사람 마음을 읽어야 하는 직업인 부동산 공인중개사의 세계에서는, 무속인이 아니더라도 사람 속을 꿰뚫어 봐야 하고, 슈퍼맨이 아니더라도 초능력에 가까운 감각이 필요하다. 실제로, 같은 자료를 주고 같은 방식으로 답사를 시키더라도, 계약 확률은 사람마다 다르다. 그것이 초능력을 부려서 사람 마음을 읽어서가 아니다.

그것을 적합한 단어로 표현하자면, 통계에 기반한 직감,
이른바 '통빡' 때문이다. 말 그대로,
어림짐작으로 툭 건드려보는 것이다.

맞으면 좋은 것이고, 아니면 말고다. '너희 집 마당에 사과나무 있어?'라고 물었을 때, 있다고 하면 "아, 그건 별로 좋지 않네요", 없다고 하면 "큰일 날 뻔했네요"라고 말하는 식이다.

그렇다면 이런 '통빡'은 어디서 나오는 걸까? 과학적 근거는 없지만, 과학적으로 검증할 수 없더라도 통계치라는 것은 분명 존재한다. 사주, 관상, 주역, 명리학, 타로 등 답답한 마음을 풀기 위해 무언가에 기대는 사람들이 많다. 어떤 사람은 무속인을 정기적으로 찾고, 종교인들은 절이나 교회, 성당, 회관 등 자신만의 '마음 다독임 공간'을 찾는다. 나 역시 마음을 편하게 하려고 절에 자주 가지만, 나의 의지와 무관하게 우주의 힘이 나를 도와줄 것이라고 믿지는 않는다. 부처님이든 하느님이든 예수님이든, 내가 먼저 열심히, 착하게 살아야 그 힘도 작동한다고 믿는다. 나쁜 짓 다 하고 천국에 갈 수 있다고 생각한다면, 과연 들어주시겠는가?

정신과 의사 선생님을 포함해서 사람을 상담하는 것을 직업으로 가진 전문가분들은 상대의 눈빛, 목소리의 떨림, 복장, 안색, 화장법, 심지어 손톱이나 눈가 주름을 보고 그 사람의 상태를 상당 부분 파악할 수 있다. 그리고 이야기를 시작하면 본인이 느낀 첫인상 속에서 파악된 '짐작'되는 것들이 맞는지 검증하는 질문들을 통해 '통빡'이 작동할 것이다. 사람의 마음을 간파해내는 기술을 전문 용어로 '콜드 리딩(Cold Reading)'이라고 한다. '콜드 리딩'은 특별한 사전 지식 없이 상대방의 생각이나 의도를 파악해내는 것이다.

부동산 중개인은 사실 어떤 정신과 의사, 종교인, 무속인보다 더 많은 사람을 만난다. 수많은 사람을 만나고 영업을 하다 보면, 타인의 '관상'을 읽는 감각이 생긴다. 예를 들어, 매도 의사를 밝히는 고객과 상담하다 보면, 겉으로 말하는 이유와 실제 이유가 다른 경우가 많다.

"급한 건 아니지만 좋은 조건이면 팔아보려고요."

"집이 너무 커서 작은 집으로 옮기려 합니다."

"빌딩이 여러 개 있는데 이번에 몇 개 정리해서 큰 빌딩을 사려고 합니다."

"압구정 현대아파트로 이사하려고요."

"이민 가야 해서요."

많은 고객들은 자신의 입에서 나오는 말이 협상에서 불리하게 작용할까 봐 우려되어 본심을 드러내지 않는 경우가 많다.

우리는 이러한 고객이 말하는 이유의 진위 여부를 파악할 수 있어야 한다. 내가 처음 부동산 일을 배울 때, 트레이너들은 이렇게 가르쳐주었다. 고객이 우리 사무실로 방문하는 상황이라면, 미리 건물 밖으로 나가 고객이 어떤 차를 타고 오는지, 어떤 행동을 하며 차 문을 닫고 사무실로 걸어들어 오는지, 첫마디로 어떤 말을 하는지, 그리고 복장, 시계, 액세서리, 구두, 가방의 종류까지 모두 관찰해 고객의 성향을 파악하라는 것이었다.

반대로, 내가 고객의 사무실에 방문하게 된다면, 들어서는 순간 1~2초

안에 사무실에 걸린 그림, 책상에 놓여 있는 것들, 소파와 테이블 등의 배열, 골프채, 도자기, 수석, 화분 등을 훑어보고, 이를 아이스 브레이킹 소재로 활용하라고 배웠다.

명함을 드리며 첫인사를 나눌 때도 고객이 내가 건네는 명함을 받는 자세나 태도를 유심히 관찰하라는 이야기를 시작하면 고객의 억양에서 고향을 파악할 수 있고, 서울말을 사용하는 고객인 경우는 목소리의 힘, 발음, 자신감 여부 등을 통해 앞으로 고객이 할 말의 진정성도 가늠해볼 수 있다. 금수저 특유의 자신감에서 나오는 목소리와 억지로 크게 내는 목소리는 다르다. 이렇게 기본적인 파악을 마친 상태에서 대화를 시작하는 것이다.

명함을 주고받은 이후에는 직함을 보면서, 회장님, 사장님, 대표님, 의장님, 사모님 등 적절한 호칭으로 이야기를 시작한다. 어떤 이유로 나를 부르신 것인지 묻거나 내가 왜 고객을 찾아왔는지를 이야기한다. 여기서 질문을 얼마나 잘하느냐에 따라서 앞서 이야기한 콜드 리딩의 성공 확률이 높아진다. 앉자마자 본인의 이야기를 계속 이어나가는 고객이라면 손쉬운 상담이 되지만, 생각보다 낯선 만남을 어색해하는 분들이 많게 때문에 이런 경우는 파악된 아이스 브레이킹의 재료들을 활용하면서 이야기를 시작한다.

"아! 회장님, 그림 좋아하시나 봅니다!"라고 시작하며 반응을 살핀다. 이 이야기가 물꼬를 터서 본인의 이야기를 본격적으로 하는 고객도 있고 단답형으로 대답한다면, 그림 이야기를 조금 더 해도 좋다. 자연스럽게 몇

마디를 주고받은 후, 본격적인 부동산 이야기를 시작한다.

"회장님! 부동산 관련해서 저를 부르신 이유를 여쭤봐도 될까요?"라든지 자신이 찾아온 이유를 먼저 이야기한다. "건물 파실 생각 있으세요?", "지금 신축 중인 건물에 임차인을 유치하고 싶은데 임대 조건을 여쭤봐도 될까요?" 등 내 목적을 확실히 이야기하고 고객의 답변을 들으면서 필요에 따라 추가 질문을 한다.

되도록 첫 미팅에서 최대한 많은 정보를 파악해야 하므로, 신입뿐만 아니라 경력자도 '고객 상담 차트'를 활용하는 것이 좋다. 상담 차트는 고객과 대화를 나누면서 빈칸을 채워 나간다는 마음으로 보면 된다. 질문을 준비하고 차트에 기입하는 과정에서 상담 시 꼭 물어봐야 하는데 놓치기 쉬운 부분들을 자연스럽게 점검할 수 있다.

또한 질문을 던지고, 그 답을 경청하면서 그 속에서 다시 새로운 질문을 찾아내면 대화가 이어진다. 이렇게 상담을 진행하다 보면, 처음 만난 고객과도 마치 오래 알던 지인처럼 편안하게 대화할 수 있고, 동시에 필요한 핵심 정보까지 놓치지 않고 얻을 수 있다.

고객이 나를 만나는 이유를 정확히 파악한다는 것은 결국,
계약 성사율을 높이는 가장 큰 열쇠가 된다.

# 사람의 마음을
# 감지해야 하는 직업

당신은 영업 조직의 리더다. 부동산 중개법인의 사장이라면, 평소 가장 신경 써야 하는 것은 '회사에 소속된 영업 사원'들의 마음이다. 영업 사원인 공인중개사들이 본인의 능력을 최대한 발휘해 영업에 임할 수 있도록 독려하고, 격려를 아끼지 말아야 한다. 샐러리 베이스 회사가 아닌 인센티브 베이스 영업 조직을 운영하는 사장이라면, 소속원들이 진정으로 돈에서 자유로워질 수 있도록 강제성을 부여하는 편이 좋다.

강제성이라고 말하니 무슨 노동, 인권 탄압처럼 들릴 것 같은데, 100% 인센티브 베이스의 영업 조직은 그 회사를 선택한 사람이 입사 전 회사와의 협의를 통해 그 회사의 문화를 확인하고 오히려 그 방식이 좋아서 입사한 경우가 많기 때문에 이 강제성은 합의하에 이루어지는 강제임을 밝히고 싶다. 결코 '잡아먹지' 않는다.

이 강제성의 본질은 결국 '세일즈 매니지먼트(Sales Management)'다.

신입이든 경력자든, 회사에 입사(합류, 위촉)한 사람이라면 영업 계획을 수립하게 해야 한다. 1년에 어느 정도의 매출을 올려 본인의 수입을 만들 것인지를 정하게 한다(개인이 영업 계획을 세우는 방법은 내 이전 책들에 자세히 나와 있으니 참고하면 좋겠다. 이 책은 개별 공인중개사가 아닌, 그들을 모아 회사를 운영하는 사장을 위한 책이다). 소속 영업 사원들 한 명, 한 명이 각자의 1년 계획, 2년 차, 3년 차 계획을 수립하게 한다. 연말에 전 직원이 모여 워크샵 형태로 계획을 세우면 더욱 효과적이다. 이렇게 모인 개인별 목표 합산에 회사 차원의 목표가 합쳐지면 회사의 연간 계획이 된다.

사장은 합산된 목표 매출을 달성하기 위해 개인별 영업 관리, 직원 근태 관리 및 생활 관리를 해야 한다. 특히, 교육적 차원의 성장 프로그램과 동기부여 프로그램을 지속해서 만들어 공급(실행)해야 한다.

소속 영업 사원들을 결코 방목해서는 안 된다!

그들의 목표가 매월 잘 달성되고 있는지, 부진하다면 만회를 위한 계획을 수립하고 실행을 푸시해야 한다. 푸시에도 불구하고 개선이 없다면 과감히 해촉해야 한다. 사장은 같은 회사지만 단순한 동료관계와는 다르다. 해촉되어 회사를 떠나는 영업 사원이 없도록 평상시에 예민하게 관찰하고 에너지가 떨어진 영업 사원을 격려하고 에너지를 충전시켜주는 역할을 해야 한다. 또한, 방법론적으로 벽에 부딪힌 사원에게는 구체적인 솔루션을 제시해야 한다.

사장이 관찰을 하지 않아도 스스로 회사에 SOS를 청하는 사람도 있지만, 성격적으로 혼자 고민하다가 저실적자가 되어 생활비 걱정으로 스스로 퇴사하거나 해촉되는 경우도 있다. 회사의 주요 자원인 '사람'이 제자리에서 제대로 역할을 하도록 사장은 사람을 잘 지켜봐야 한다.

이상 증후를 감지해 사람이 소모되지 않게 만들라는 뜻이다.

리크루팅할 때를 생각해보라! 그냥 지나다가 우연히 입사하는 사람은 없다. 사장의 중요한 역할은 한번 입사한 공인중개사가 '돈'을 못 벌어서 회사를 떠나는 일이 없도록 영업을 관리해주는 것이다.

사장인 당신이 월급을 주는 구조가 아니라고 해서 소속 영업 사원 중 일부가 소득이 없어도 그러려니 하지 말라는 뜻이다. 사장은 직원들에게 애틋한 마음을 가져야 한다. 두 달 정도 소득이 없는 영업 사원이라면 문제를 파악하고 문제를 해결해줘야 한다.

물론, 고집이 세서 사장의 조언을 안 듣거나 영업과 무관한 것에 시간 낭비를 하는 경우는 다른 소속원에도 나쁜 영향을 끼치므로 두말할 필요도 없이 해촉 대상이다. 간혹, '월급 주는 시스템도 아닌데 왜 이래라저래라 하느냐'며 반발하는 영업 사원을 만나기도 하는데, 이런 말을 하는 인성을 가진 영업 사원을 절대 다른 영업 사원과 같이 두면 안 된다.

월급은 안 주는 것이 아니라, 줄 수 없는 것이다.

예를 들어, 1년에 2~3억 원의 소득을 내는 35세의 고소득 영업 사원에게 연봉 4,500만 원 정규직을 제안한다면 아무도 받아들이지 않을 것이다. 반대로 소득을 거의 못 내는 영업 사원이 회사에 정규직으로 지원한다고 하더라도 채용할 수가 없다. '아예 다른 업무' 성격이다. 인센티브 베이스와 샐러리 베이스는 애초에 사고방식과 뇌 구조가 다르다.

결국 매니징의 본질은 실적을 반드시 만들어내도록 돕는 데 있다. 계약이 성사되는 프로세스는 인센티브제든 샐러리제든 같다. 판매 노하우 역시 급여 제도와 다르지 않다. 다른 점이 있다면, 매출 발생액이 나에게 어떻게 수익 배분이 되느냐다. 이로 인해 계약하고 싶은 마음과 의지의 정도가 다를 뿐이다. 사장인 당신은 회사 내에서 진행되고 있는 많은 진행 건들이 클로우징되도록 매니징해야 한다.

계약이 성사되기 위해서는 계약 프로세스라는 것이 존재한다. 이 프로세스에서 벗어나 있는 영업 사원이 있다면 그 프로세스를 벗어나지 않도록 매니징하라는 의미다. 때로는 다소 강제적일지라도 반드시 그렇게 해야 한다.

# 혼잣말하는 버릇

생각보다 사장의 일상은 외롭다. 원래 그런 직업이다. 여기서 말하는 외로움은 '사람이 없는 외로움'이 아니라, 중요한 의사결정을 할 때 혼자 판단해야 하는 경우가 많다는 의미다. 특히 회사 규모가 일정 수준 이상 성장하기 전까지는 별도의 인사팀을 두지 못하는 경우가 많아, 채용(리크루팅)-유지(리텐션, 사내 교육 및 성장 프로그램)-터미네이션(해촉, 인력 정리)이라는 인사 관리 프로세스를 사장이 직접 담당해야 한다. 즉, '사람'이 들어오고 나가게 만드는 결정이라는 다소 부담스러운 일을 직접 감당해야 하는 것이다.

인원이 적더라도 장기적인 대형화를 목표로 한다면, 반드시 사내 업무 규정을 마련해야 한다. 그리고 업무 규정 내에 세세한 인사 관련 항목을 마련해 '원칙'을 세우고 원칙 내에서 '위촉과 해촉'이 잡음 없

'팔은 안으로 굽는다'라는 말이 있지만, 사장과 친하다고 입사하고, 사이가 틀어졌다고 퇴사하는 식의 '구멍가게식 운영'은 반드시 피해야 한다. 일정 자격을 갖춘 영업 사원의 입사 및 그 경력에 걸맞은 위촉 계약을 작성해 합류시키는 것이 좋다. 위촉 계약을 할 때는 직급과 인센티브 수익 배분율을 명확히 정하고, 위촉 기간도 설정해 재계약 시 기본 매출과 근태(교육 및 회의 참여 목적이 중심)가 합의된 기준에 미달되면, 계약을 연장하지 않는 원칙을 지켜야 한다.

물론, 사람과 관련된 일에는 항상 변수가 따르고, 같은 사람과 같은 사연이 하나도 없기 때문에 큰 틀에서는 '업무 규정에 따른 위촉 계약 날인 및 해촉' 절차를 진행하지만, 원칙을 100% 칼같이 적용하기 힘든 사례나 영업 사원 간의 분쟁에 따른 조정 등 경영자로서 스스로 판단해야 하는 문제들이 많다. 이때는 고뇌에 빠지게 되는데, 나 같은 경우에는 이런 상황에서 '혼잣말'하는 버릇이 생겼다. 생겼다고 말하기보다 영업을 시작하면서 종종 '혼잣말'을 하게 되었다.

어릴 적 다른 사람과 롤플레이(Role Play)하는 것이 어색해서 운전하고 다니는 차 안에서 나 혼자 1인 2역으로 '부동산+고객(건물주, 임차인 등)' 놀이를 했다. 혼자 차 안에서 "안녕하세요? ○○○부동산 노창희입니다" 이렇게 시작해서 약속 잡는 연습도 하고, 전속 빌딩 수주를 위한 제안서 설명하는 발표를 해보기도 했다. 반대로 내가 건물주 입장이 되어 나 자신에게 질문을 던지기도 했다. 별거 아닌 것 같은 이 연습이 1년, 5년, 10년…
어느덧 28년이 되었다. 그러다 보니 어떤 어려운 문제가 생기거나 고민거
리가 생기면 자연스레 나와 대화를 하며 답을 찾아내는 독특한 방식이 몸
에 밴 것이다.

몇 년 전부터는 주말 새벽, 어두운 고속도로를 달리며 2시간가량 '생각
시간'을 갖는다. 그 주의 가장 큰 고민 몇 가지를 떠올리고, 차 안에서 나
혼자 질문하고 답하며, 비판과 평가까지 해가면서 해결책을 찾아낸다. 실
제로 말로 중얼거리며 진행하는데, 이 과정에서 상당히 많은 고민과 스트
레스의 해답을 얻었다.

.

# Chapter 5

## 작가의 이야기

# 서점 주인을 하고 싶은 이유
## - 피곤하게 야근하는 이유

살다 보면 우연히 찾아오는 순간이 있다. '기회'라는 이름으로 오기도 하고, 때로는 절망적인 순간도 내 의지와 무관하게 찾아오기도 한다. '책방 주인'이라는 나의 부캐는 돈과는 전혀 무관한 직업이다. 실제 내가 책을 판매하는 서점을 운영하는 것도 아니다. 그리고 나는 작가라는 또 다른 부캐로 살아오면서 틈틈이 쓴 글들이 온라인에서 돌아다니기도 하고 수십 년간 SNS에도 무수히 글을 써왔다.

그러다 다른 사람의 책에 한 챕터를 쓰는 기회가 늘었고, 평생 신입 직원을 가르쳐온 덕분에 교재를 만들고 강의한 지도 수십 년이 되었다. 부동산 잡지나 지인의 책에 몇 장씩 글을 쓰던 것이 쌓이면서, 〈조선일보〉사가 발행한 부동산 트렌드쇼 강의 교안집 공저를 시작으로 내 손에 '종이책'이 생기기 시작했다. 이후, 내 이름으로 된 단독 도서도 여러 권, 서점

매대에 오르게 되었다.

국일증권경제연구소에서 출판된 《연봉 10억 공인중개사의 영업 비밀》
은 당시 다니던 회사를 갑자기 나오면서 쓰게 된 책이다. 그 회사를 나온
날, 지금의 회사 재입사가 전화 한 통으로 확정되었고, 뜻밖의 공백기 세
달이 생겼다. 그중 2~3주 동안 미친 듯이 써 내려간 A4 220장 원고가, 한
달 만에 책으로 탄생했다.

당시 내가 2년째 다니던 회사를 나오게 된 날과 그 순간을 가끔 생각해
본다. 살면서 회사든 전속받은 건물이든 나에게는 처음 있는 경험이라서
가끔 떠올리게 된다. 어차피 임원이라는 비정규직은 언제든 그만둘 수 있
는 자리이기는 하다. 지금 생각하면 그만둬서 좋다. 지금, 하고 싶은 일들
을 다 하고 살고 있기 때문이다.

살면서 누군가에게 잘린 건 처음이라, 그 날짜와 시간을 지금도 생생히
기억한다. 그날의 24시간은 거의 초 단위로 나눠서 세세하게 기억할 정도
다. 2022년 추석 연휴가 끝나고 출근한 첫날이다. 9월 13일 주간 회의가
끝나고 해고 이야기를 들었다. 그래도 명색이 미국 대학을 두 군데나 다
녔던 터라 고용의 유연성 같은 것에는 익숙하다. 또한 예전 직장에서 많은
사람을 내보내도 보았다. 내가 반대 입장이 된다고 이상한 것도 없다. 그
럼에도 처음 있던 일이라 지금 생각해도 기분은 나쁘다.

처음 당하는 일이라 모욕감, 수치심이 컸다. 내 기억에 10월 30일이 실

제 퇴사일이었는데 9월 13일부터는 업무를 할 수 없는 상황이 되어버렸다. 이후, 영업 사원들 교육 등만 하면서 2~3주 동안 매일 하루에 10시간 넘게 스타벅스에서 글을 썼다. 손톱이 부러질 정도로 타자를 쳤던 기억이 난다(성격상 어떤 상황에 처했을 때는 일을 만들어서 무언가 몰입해야 하는 성격이다).

난 회사에서 잘린 덕분에 인생에서 처음으로 두 달간의 휴식을 얻었다. 덕분에 책도 쓰고 주말마다 도쿄에 원 없이 다녀올 수 있었다. 딸과 도쿄에 함께 다녀온 날은 아직도 기억에 남을 정도로 좋은 추억이다. 평생 영업사원으로 살아온 나는 일에서 난관이 닥치면 끝까지 방법을 찾는 성격이었다. 그 덕분에 퇴사라는 돌발 상황도 긍정적으로 받아들였고, 곧바로 새 회사로의 재입사가 결정된 상태에서 맞이한 두 달의 공백 동안 나는 내가 하고 싶은 것을 전부 해버렸다. 좋은 시간이었다.

그 시간 동안 나는 내가 아끼던 영업 사원들에게 전해주고 싶은 영업 마인드에 대해 글을 쓰기 시작했다. 그렇게 2~3주를 보내는 동안, 조선일보 건축주 대학에서 내 강의를 들으신 국일증권경제연구소(국일미디어) 대표님이 책을 내자고 제안하셨다. 마침 다 쓴 원고가 있었고, 출판사 사장님의 전폭적인 지원으로 책이 나올 수 있었다.

가끔 그날 출판사 사장님께서 명함을 주시면서 책 낼 생각 없냐고 하셨을 때를 생각하게 된다.돌이켜보면 아마도 책은 나올 인연이었고, 운이 좋았던 것 같다. 회사에서 아웃당하고 쌓였던 나쁜 기분을 글쓰기로 승화했다고 치자! 내가 써놓은 글이 없었다면 한두 달 사이에 이렇게 빠르게, 그리고 출판사 사장님의 전폭적인 지원으로 책이 나오지는 못했을 것이다.

책이 나온 것은 10월 중순인데 회사를 10월 말에 그만두고 보니 나는 퇴근 후, 지금의 회사로 이직하기 전까지 쉬는 두 달 동안에 내 건물 1층 사무실에서 '책'을 팔아보기로 했다. 낮에는 서점을 다니거나 부동산 일을 이어가고, 이직할 회사가 관리하는 건물들을 두 달 동안 틈틈이 가보면서 공실 해소 방안을 연구했다. 그러던 중, 나는 내 책을 팔아보고 싶다는 생각이 들었다. 교육이나 유튜브 등 다양한 방법으로 책을 팔기도 했지만, 어릴 적부터 해보고 싶었던 '책방 주인 코스프레'를 하기로 했다.

그렇게 나의 1층 개인 사무실에 '한 권만 파는 심야 서점'이라고 간판을 걸었다. 《연봉 10억 공인중개사의 영업 비밀》이라는 책 제목을 내 차 양쪽 문짝에 붙이고 다녔고, 내 사무실 외부에 간판을 달았다. 지나가는 동네 사람들이 '뭐 하는 곳'이냐고 물어보는 것이 너무 좋았다. 나는… '관종'인 것 같다.

저녁 7시부터 11시까지 매일 심야 서점을 열었다. 내 책을 읽은 독자나 부동산 업에 종사하는 사람들이 찾아오면 부동산 이야기도 하고 공동중개의 장도 만들었다. 생각보다 유쾌한 만남이 많아 나는 새 책이 나올 때마다 심야 서점을 운영하고 있다. 지금 쓰고 있는 이 책이 출간되면, 심야 서점을 업그레이드해서 새로운 버전으로 운영할 계획이다.

올해 초에 출간된 《왜 망설이는가?》 역시 나의 심야 서점을 통해 판매했다. 다만 올해는 일이 많아 일주일 내내 저녁에 열지 못하고, 예약제로만 운영 중이다. 팝업 형태로 2025년 7월부터 9월 11일까지, 매주 수, 목요일 저녁 7시부터 11시까지만 연다. 예약하고 찾아주시는 분들 대부분은 부동산 업계에서 화려한 경력을 갖고 계신 분들이시라 내 응원자로서 찾아와 꿀 같은 부동산 이야기를 나눠주고 가신다. 퇴근하고 수, 목요일 저녁, 책방 주인 코스프레를 하며 부동산 업계 선후배, 친구를 만나고 있으니 너무나 행복한 부캐다.

'심야 서점'을 찾아주시는 예약자분들이 어떤 음료를 좋아하실지 몰라 오시기 전에 다양한 음료를 사서 냉장고에 넣어두는 것도 즐겁고, 조금 일찍 오시는 분들과는 저녁 식사도 같이하니 더 즐겁다. 내 단골 커피숍인 스너글리 커피숍(Snugly Coffee)에서 커피를 테이크아웃해서 서점으로 향하는 퇴근 후 저녁 시간이 너무 큰 행복감을 준다.

일본 작가 소노 아야코가 자신의 에세이 《때로는 멀리 떨어져 산다》에서 언급한 것처럼, '이 세상에 당연한 인간관계는 없다'라는 말은 정말 명언이다. 사람을 나타내는 한자인 사람 인(人) 자는 두 사람이 기대어 있는 모습을 본뜬 상형문자다. 사람 사이의 관계란 서로 기대어야 유지된다. 일방적인 마음만으로는 지속되지 않는다.

좋은 사람, 나에게 잘해주는 사람만 챙기기에도 인생은 너무나 짧다.
예의 없는 자들까지 돌아볼 시간은 없다. 돌아봐서도 안 된다.

정말 해(害)만 되는 인간관계도 있는데, 이런 관계는 당연히 잘라내야한다. 가끔은 긴가민가한 인간관계도 있는데, 일에 있어서 긴가민가할 때는 일단 그냥 도전할 수 있지만, 인간관계에서 긴가민가한 것은 끊어내자! 이 글을 쓰는 지금 나 역시 노트북 앞에서 다시 다짐해본다. 나쁜 사람들은 무조건 냄새가 난다. 향수에 가려진 냄새를 잘 맡아서 사람에게 속지말고 살기를 바란다.

나쁜 사람 근처에는 가지도 말자! 그것처럼 인생을 망치는 요소도 없다. 대신, 좋은 사람에게는 마음을 다 주고 최선을 다하며 살자! 좋은 사람과의 오랜 관계 유지를 위해서는 '노력'을 많이 해야 한다. 나는 내 심야서점이 그런 역할을 해주는 공간이라고 믿는다(참고로 서점은 적자다. 실제로 나는 책을 팔지 않는다. 내 책을 사고 싶은 분들은 교보문고, 예스24, 영풍문고, 속초 동아서점, 속초 문우당서림, 강릉 고래 책방에 주문해주세요!).

# 누가 심야 서점을
# 찾아오나?

2022년 10월 내 책《연봉 10억 공인중개사의 영업 비밀》출간을 계기로 심야 서점을 열게 되면서 이런저런 이름과 형태로 2025년 지금까지(그리고 앞으로도) 많은 분이 심야 서점을 찾아와 주셨다. 진짜 서점은 아닌 독자와의 만남 장소로, 새 책이 나올 때마다 팝업으로 운영하는 '심야 서점'은 원래 커피숍을 하던 1층 가게이다 보니 퇴근 후, 가게 전체 불을 켜고 간판에도 불을 켜놓고 방문할 예약자를 기다리며 그날의 장사(?) 준비를 하고 있으면 지나던 사람들이 들어오시곤 한다.

이런 것이 1층 가게의 힘인지도 모르겠다. 보통 심야 서점을 하는 수, 목요일이면 방문자와 11시 정도까지 부동산 대담을 나누게 되는데, 이때도 지나가던 사람들이 종종 들어오신다. 나는 이 자체가 너무 재미있어서 그때마다 응대하며, 책장에 꽂힌 책을 설명하며, 읽고 싶은 만큼 읽게 하고 내 책은 선물로 드린다. 판매하지 않는다. 내가 줄 수 있는 입장이니, 기꺼이 드리는 것이다.

우연히 내 책을 받아간 분이 읽다가 부동산에 꿈을 품고, 나에게 막대한 돈을 같이 벌어줄 신입 공인중개사가 될지도 모르기 때문이다. 꽤 확률 높은 게임이다. 대한민국 사람들 가족 중에 부동산 공인중개사사무소를 운영하는 사람 한 명쯤은 다 있지 않은가! 공인중개사 자격증은 누구나 딸 수 있지만, 적어도 '몰입해서 한 번에 합격한다'는 태도가 필요하다. 1·2차를 나눠 2년에 걸쳐 따려는 사람도 있지만, 실제 부동산 일을 할 마음이라면 4~5개월 집중 공부가 맞다.

이제 나의 책들이 나왔던 과정을 한번 이야기해보겠다. 틈틈이 책을 쓸 주제를 생각한다. '이런 주제로 써보자'라는 생각이 들면, 어떤 목차로 이야기를 끌고 갈지 구상한다. 나는 어떤 답을 내기 위해 생각할 때면, 아무것도 방해받지 않고 2시간 이상 고민 시간을 갖는 편이다. 매주 3~4시간은 '생각 시간'을 일부러 만들어서 생각한다. 현대인은 바쁜 일상을 살아가는 동안 '생각보다 생각하지 않는다'고 한다.

이 책을 읽고 계신 분들께 묻고 싶다. 최근 아무것도 방해받지 않고 온전히 하나의 주제를 1시간 정도 생각해본 적이 있는지 묻고 싶다. 특히 나는, 기독교 신자분들이 주일에 교회에 가듯이 그런 '씻어냄의 시간'을 갖고 싶었다. 그런 계기가 있었다. 물론, 나쁜 일을 겪었을 때였다. 인생에서 힘든 일이 있을 때마다 나를 일으켜준 것들이 있다. 지금은 날 일으켜

줬던 방법들이 일상이 되어 삶에서 나쁨이 끼어들지 못한다. 내가 달라졌다. 튕겨버린다. 그중 가장 큰 방법이 '생각 시간'이다. 일주일간의 고민이나 다음 주에 해야 할 일 중 고민되는 것들을 생각 시간 2~3시간 동안 오직 한 가지 고민에만 집중한다. 나를 가장 잘 아는 내가 스스로 해답을 찾아내는, 일종의 '셀프 솔루션 메이킹' 시간이다.

제법 효과를 많이 본다. 나를 달라지게 만들었고, 나아지게 만들어주는 '생각 시간'이다. 이런 '생각 시간' 속에서 나의 심야 서점 아이디어가 나왔다. 책 주제도, 목차도 이 시간에 머릿속에서 굴리다 보면 '딱! 이거다' 싶은 순간이 온다. 그럴 때는 녹음을 하거나, 차를 세우고 메모를 하거나, 노트북을 펼칠 수 있을 때 손가락으로 타이핑한다. 술술 써진다. 술술 써질 만큼 반복해서 생각했기 때문이다.

이렇게 책도 쓰고, 회사 업무용 제안서도 만들고, 보고서도 만들고, 각종 마케팅 플랜이나 인간관계상 고민 해결 방법도 찾아내고 있다.

심야 서점은 단순히 책을 놓아둔 공간이 아니다. 부동산을 비롯해 삶과 일, 사람을 주제로 깊은 대화가 오가는 특별한 장소다. 찾아오는 이들은 대부분 내 책의 독자들이지만, 이미 오래 알고 지낸 친구, 업계 동료와 후배, 내가 코칭했던 제자, 동네 친구들까지 다양하다. 생각보다도 책을 낸 덕분에 알게 된 분들이 많아, 심야 서점은 나와 사람들을 이어주는 소중한 연결점이 되었다.

나는 SNS를 열심히 하는 편이다. 책을 기획하는 과정부터 글을 쓰며 진도를 공유하고, 완성되면 출판사를 찾는 과정, 책이 나오는 편집 및 인쇄 과정, 교보문고 등에서 예약판매와 정식 출시되는 과정, 그리고 직접 책을 판매하기 위해 활동하는 모습까지 모두 공개한다. 유튜브 영상으로 목차를 설명하기도 하고, 출판사가 결정되면 출판사가 결정되었다고 호들갑도 떤다.

이런 과정에서 책 출판 정보를 보고 책을 구매해 읽어주신 분들의 질문이나 미팅 요청이 있으면 서점에 초대하기도 한다. 이렇게 오신 분 중에는 처음 보는 분들도 많다. 하지만 인스타그램이나 페이스북에서 이미 연결된 사람이라면, 실제 처음 만나는 순간에도 전혀 낯설지 않고, 오래된 지인을 만난 듯 바로 친해진다. 그것 자체가, 서점 주인으로서 참 즐거운 일상 추억이 된다.

# 나를 야단치는
# 사람들과 이유

    나를 야단치는 사람들은 대부분 나를 걱정해주는 사람들이다.

    우선, 집사람은 늘 제자리에서 제대로 자라고 야단친다. 내가 집에서 아무 곳에나 눕기만 하면 그냥 잠들기 때문이다. 심지어 싱크대 앞에서도 그대로 잠들곤 한다. 큰딸은 내가 자기 방을 함부로 치우거나 책상을 건드릴 때 화를 내고, 운전 중에 불필요한 말을 하거나 욕을 하면 어김없이 나를 야단친다. 막내딸은 내가 레이서처럼 운전할 때면 손잡이를 잡으면서 천천히 달리라고 야단을 친다. 가족에게 먹는 가장 흔한 야단들이다. 다 나를 걱정해서 해주는 야단인 것은 안다.

    친한 후배(고등학교, 대학원, 박사과정을 같이 다닌 후배)는 내가 SNS에 센 글을 올릴 때면, 종종 전화해서 "형! 오늘 올린 글 지워!"라고 말하곤 한다. 그러면 나는 바로 지운다. 요즘은 이런 전화를 잘 안 한다. 내가 페이스북에

긴 글을 잘 쓰지 않고 틈만 나면 유튜브에 영상을 올리거나 책을 쓰기 때문이다. 후배는 내가 괜히 글을 세게 써서 누군가에게 욕먹는 것이 싫었던 모양이다. 나의 장점은 주변에서 이런 걱정 섞인 야단을 쳐주면 잘 듣는다는 것이다. 물론, 이상한 가스라이팅 같은 야단이라면 듣고 상대방을 다시는 안 본다.

회사에서는 나를 야단 치는 사람이 거의 없다. 내가 직원들이나 고객들의 눈치를 보면서 평생을 살아서 알아서 욕먹을 짓을 안 하는 것은 아니고, 그냥 안 하는 것 같다. 이 글을 쓰면서도 다시 느끼는 거지만, 회사에서도 직원들에게 책잡힐 말과 행동을 하지 말자!

영업을 처음 시작하기 전인 26살 이전에 야단맞은 일들은 언급하지 않겠다. 얼마 전, 만난 초등학교 동창이 같은 업계에서 일하고 있는 터라 고객을 소개하는 자리가 있었는데, 그 자리에서 내가 학창 시절 담임들에게 엄청 많이 맞았다는 흑역사를 꺼냈다. 얼마나 민망하던지… 사실 나는 참 많이 맞은 편이다. 그래서인지 영업을 하면서 선배들에게 혼나도 크게 상처받지 않았다. 어떤 선배나 상사의 야단도, 우리 아버지나 담임선생님이 하신 만큼 강하지 않았기 때문이다. 이렇게 살라고, 하늘이 나에게 그런 학창 시절을 선물해준 게 아닐까 싶다.

나의 장점은 아무리 혼나도(심지어 어릴 적 매를 맞을 때도) 마음속으로 '이 야단을 통해 다음에 같은 실수를 안 하면 나는 나아진다'라고 생각한다는 것이다. 그래서 그냥 혼내는 사람이 지칠 때까지 버텼다. 그럼에도 가출을 한다든지 삐뚤어지는 건 선택하지 않았다. 내 인생인데, 삐뚤어져봐야 나만 손해라고 생각했다. 많은 것을 야단맞으며 고치며 살아왔지만, 아직도 못 고치는 고질병이 많아 계속 딸들, 친구, 동료들에게 야단을 맞는다. '야단을 맞는다'는 표현이 나이 50이 넘은 사람에게 어울리지 않는 말 같기도 하지만, 사람은 언제나 실수를 한다. 그렇기에 늘 누군가가 나의 잘못을 편하게 지적할 수 있도록 마음을 열어두는 것이 중요하다.

중개법인의 사장이라면 더욱더 마음을 열어야 한다.
중개법인 사장에게 소속 공인중개사들은 두 가지 의미가 있다.

첫째, 그들을 돈 벌게 만들어줘야 한다는 측면에서 매니징을 해야 하는 '관리 대상'이다.

둘째, 중개법인 사장의 '고객'이다. 소속 공인중개사들은 자신의 부동산 비즈니스를 내 회사에서 하며 수익을 나와 함께 나눈다는 사실을 잊지 말아야 한다.

사장은 소속 공인중개사들의 영업 계획, 매출 목표 대비 활동 관리, 수주 활동 관리, 실적 보정 및 만회 계획 수립 등, 그들이 돈을 벌게 만들기 위한 모든 방법을 총동원해 관리해야 한다. 이 '관리'라는 단어는 사실 '서포트'에 더 가까운 의미임을 명심하자.

늘 소속원들의 어려움, 불만, 개선 사항을 청취하고, 때로는 듣기 싫은 이야기라도 '고객의 소리(VOC)'라고 생각하며 진지하게 들어야 한다. 그 안에서 개선점을 찾아내는 것이 결국 회사를 더 나아지게 한다. '좋은 회사'라는 입소문이 나야, 중개법인 경영에서 가장 중요한 '리크루팅'도 성공할 수 있다. 리크루팅 기법 중 최고의 방법은, 기존 직원이 함께 일할 사람을 데려오는 것이다.

# 나에게 부동산이란?

나에게 부동산은 '나 자신의 인생'이다. 다른 직업을 가져본 적이 없다. 살다 보면 다양한 벽과 장애물을 만나게 되는데, 나는 벽 앞에서 우는 것보다는 그 벽을 넘거나 뚫으려고 노력하며 살아왔다. 몇 번의 위기도 있었지만, 그 위기마다 나를 야단쳐주거나 손을 내밀어주는 은인들이 있었다.

오늘 신입 직원들과 회의를 하다가 했던 이야기를 적어본다. 영업을 하다 보면 계약이 안 나오는 날도 있고 원하는 만큼 수익이 안 나오는 달도 있다. 그런데 그렇더라도 영업하는 사람이 포기하는 마음을 가지면 안된다는 것이다.

끝날 때까지 끝난 게 아니다.

인센티브 베이스의 영업직은 계약을 해야만 수입이 생기는 구조이기 때문에 계약을 못 하거나 작은 규모의 계약만을 하게 되면 원하는 수입을 벌지 못하는 경우가 많다. 실적급제(인센티브제)로 일을 하다 보면 이런 일정치 않은 소득이 상당한 스트레스의 원인이 되고는 한다.

그런데 일정한 계약을 지속적으로 하는 사람들에게는 두 가지 특징이 있다. 첫째는 마음가짐이다. 매월 말이 가까워지는 시점에 계약이 안 나오고 있는 경우, 남은 날짜가 하루밖에 안 남은 29일이나 30일이라 하더라도 마음은 그날 계약하겠다고 다짐하고 하루를 시작하는 것이다. 육상 선수가 도착 지점에 들어올 때까지 전력 질주하는 것과 같은 마음이다.

'에이, 7월도 다 갔네! 벌써 22일이네. 다음 달부터 좀 더 힘내야겠다!' 이런 마인드를 가진 사람은 다음 달도 계약하지 못한다. 무언가 결과를 내려는 사람은 그 결과가 나올 때까지 멈추지 않는다. 미달성인데 다음 달을 운운하는 건 이미 망조가 든 것이다.

1등은 'Maximum Over Drive Mind'로 일하자!
천하무적 부동산이 되려면, 구성원 모두가 합심해
맥시멈으로 달려야 한다.

둘째는 고객을 리드한다는 점이다. 고객에게 끌려다니지 않는다. 카리스마 있는 공인중개사는 이렇게 말하곤 한다.
"사모님, 어제 보신 빌딩 중 두 번째 논현동 건물이 제일 좋은 물건이니 계약 준비하세요. 계약금은 10%니까 10억 원 준비해두시고요. 계약은 음, 오늘이 수요일이니 금요일에 하시죠! 금요일 오전 11시에 저희 사무실로 나오세요!"

이렇게 말하는 데는 이유가 있다. 스스로 '이 물건이 고객에게 최적'이라는 확신이 있기 때문이다. 이 확신은 정확한 물건 분석과 지역 분석에서 나온다. 실력이 없는 공인중개사는 변별력이 없어 강하게 권하지 못한다.

또 다른 이유는 고객의 마음을 확인하는 과정이다. 부동산 거래의 종착점이라고 할 수 있는 계약을 위해 인위적 클로징 기법도 써보는 것이다. 인위적 클로징을 사용해보면 진성 고객과 허위 고객은 반응은 다르다. 허위 고객은 안 한다고 하고, 진성 고객은 납득할 만한 이유로 계약을 미룬다. 이럴 때는 자연적 클로징을 위해 조금은 시간을 더 들여도 되겠다고 생각해도 좋다. 계약이 이 정도에서는 잘 깨지지 않는다.

나에게 부동산은 돈을 버는 수단이자, 단순히 일이 아니라 즐거움이자 취미이며, 부캐들의 '엄마' 같은 존재다. 대를 이어서 하고, 대를 이어야 하는 가족의 직업이기도 하다. 28년을 하다 보니 사명감도 생겼다. 존경받는 직업까지는 아니더라도, '좋은 직업'으로 세상에 인정받도록 힘을 보태고 싶다. 책을 쓰고, 무료 강의를 하고, 학원과 대학, 대학원 강의를 마다하지 않는 이유도 잘 배운 공인중개사가 세상에 많아지길 바라서다.

그리고 부동산이란 직업은 나에게 '낙화암', '배수진' 같은 존재다. 부동산에서 돈을 못 벌면 직업을 바꾸는 것이 아니라 '죽어야 한다'고 생각하기 때문에 일이 잘 안 될 때면 '계약할 방법'을 연구만 했지, 다른 생각을 하지 않았다. 가끔 수입이 부족해 부업을 하는 사람들을 볼 때가 있다. 일반 직업이라면 나는 그런 모습을 존경한다. 그러나 부동산 직업을 가진 사람은 그러면 안 된다. 모든 에너지를 부동산 영업에 쏟아야 한다. 그래야 하는 직업이고 보상이 큰 직업이기 때문이다. 내가 이렇게 말하면, 어떤 사람은 화를 낸다. "먹고살아야 하는데 계약이 안 나오면 어떡하냐"는 것이다.

틀린 말은 아니다. 하지만 부동산적 마인드는 아니다.
부동산으로 돈을 벌려면 부동산적 뇌와 마인드를 가져야 한다.

나에게 화를 내기 전에, 먼저 스스로에게 물어봐야 한다.
'나는 부동산 일을 하기 위해 충분히 공부했는가? 코치나 회사 사장이 시키는 일을 충실히 해왔는가?'

부동산 회사에는 나보다 수십, 수백 배를 버는 동료가 옆자리에 앉아 있기도 하다. 그런데도 '나는 기회가 안 왔다'고만 생각하는, 공부 부족과 한탕주의에 빠진 사람도 있다. 그들의 기다림에 계약은 응답하지 않는다.

부동산업에서 돈을 버는 방식은 정해져 있다.

분명 회사는 그 방식을 가르칠 것이다. 본인이 그 방식을 익혔는지 자문해보라! 그 방식은 매우 성실하며 정직한 방식이다. 그 성실함과 정직함을 가르치는 것이 코치나 사장이 할 일이다(여기 정직은 '착하게 살자!'의 그 정직이 아니다. 내 직업에 대해 내가 나에게 정직함을 뜻한다. 스스로 떳떳함 같은 의미다),

돈이 안 벌릴 때는 스스로에게 물어보라.
"나는 돈이 벌릴 만큼의 행동을 했는가? 계약이 나올 만큼 고객을 찾았는가?"

# 나에게 커피란?

커피는 우리나라 국민이 밥보다 많이 먹는 '국민 중독 식품'이다. 나에게는 더더욱 그렇다. 하루를 커피로 시작해서 커피로 마무리할 정도다. 농담처럼 "내 혈액은 검은색"이라고 말할 정도다. 많이 마시기도 하지만, 그만큼 즐기고 있다.

그렇다면, 부동산과 커피는 무슨 연관이 있을까? 직업이 부동산업이 아닌 사람에게 커피숍은 커피를 팔거나 미팅이나 일을 하는 공간 등 각자 의미가 다를 것이다. 부동산을 업으로 하는 사람들에게 '커피숍'은 건물 임차인 중 매우 중요한 콘텐츠다. 건물의 얼굴이라고 할 수 있는 좋은 1층 또는 저층부 상가 임차인이고, 때로는 건물주의 중요한 사업장이 되기도 한다. 예를 들어, 대부분이 수수료 매장이며 직영점인 '스타벅스'의 경우, 많은 건물주가 본인의 건물에 입점하기를 희망했었다(과거형이다). 이미 많은 건물에 입점되어 있고, 건물의 규모와 상관없이 위치가 너무 좋으면 스타벅스 본사에 입점을 제안해보는 것이 건물주나 건물주의 대리인(전속 공인중개사, 임대 대행인 LM)의 임차인 유치 활동 중 하나다.

일과 연관된 업종이다 보니, 부동산 일을 시작하면서 커피 브랜드를 많이 알게 되었고, 각 업체 CEO나 담당자들과도 인연이 생겼다. 커피 회사 임직원들과 임대차 업무로 협의·협상을 하다 보니 자연스레 커피에 대한 관심도 커졌고, 지식도 늘었다. '분식집 개 3년이면 라면을 끓인다'라고, 덕분에 나는 바리스타도 아니고 공인중개사인 LMer(임대 대행)지만, 웬만한 커피 회사 임직원들이나 커피숍 사장님들과 대화를 섞을 수 있는 수준의 커피 애호가가 되었다.

평소 인스타그램 등의 각종 SNS를 통해 어느 지역에 화제가 되는 커피숍이 오픈 예정이라는 소식을 접하거나 어떤 핫플레이스(HOT PLACE)에 유명 커피숍이 입점한다든지 하는 정보를 알게 되면 퇴근 후나 주말이라도 일부러 찾아가 마셔본다. 유명 브랜드의 매장을 살펴볼 때와 개인 바리스타의 스페셜티 커피숍을 방문할 때의 관점은 조금 다르지만, 공통적으로 세 가지 요소를 본다.

바로, 커피 맛, 공간과 부동산적 가치(임대료·예상 매출),
그리고 접객 태도다.

'서당 개 3년이면 풍월을 읊는다'라는 말이 있듯이, 그만큼 오랜 시간 커피숍을 다닌 결과, 내가 내린 결론이다.

과거 3년 정도 커피숍을 운영한 적이 있다. 물론, 내가 커피숍에서 직접 장사를 한 것은 아니다. 내 건물에서 내가 커피숍을 열어 퇴근 후, 일하는 공간으로 너무 잘 사용했다. 지금은 내 개인 사무실로 사용하고 있다. 동네 사람들이 밤에 지나가면서 간혹 들어와서 "커피 파냐? 뭐하는 곳이냐?"라고 물어볼 정도로 군자역 동네 사람들은 다 아는 곳이었다.

재미있는 것은 나는 내 개인 사무실에 커피가 있지만, 퇴근 후 동네 단골 커피숍인 스너글리에 거의 매일 간다. 주말에는 하루에 두 번도 간다. 아마 운전은 할 수 있지만, 기사를 두는 마음이라고 해야 할지, 익숙함에서 퍼지는 현상을 방지하고자 내 공간이 아닌 타인의 공간에서 글을 쓰는 것이라고 해야 할지, 딱히 정의할 수 없지만, 나는 집 바로 옆의 스너글리 커피숍에 매일 가서 책을 읽거나 글을 쓴다.

아마 스너글리 커피숍이 앞에서 내가 이야기한 커피숍 3요소에서 높은 점수라서가 아닐까 생각한다. 우선, 스너글리는 사장님의 접객 태도도 좋고, 단골 손님들과 나누는 스몰 토크가 즐겁고, 나도 잘 아는 곳의 커피 원두를 쓰시기 때문에 커피 맛도 좋다. 공간적으로는 적당히 어두운 조명에 어수선하지 않아서 좋다. 요즘은 정말 귀여운 강아지들도 주인 따라 커피숍에 자주 출몰(?)하는데, 귀여운 강아지들을 보는 재미도 있다.

최고의 커피를 내려달라고 말한다면, 나는 하지 않는다. 나는 바리스타가 아니기 때문이다. 나는 캠핑이나 바다에 가서 나만의 감성으로 드립 커피를 내려 먹는 정도다. 하지만 어떤 커피를 마셨을 때, 그 커피가 맛있는 커피인지, 신선한 커피인지, 커피 맛이 이상하거나 쓴 정도의 평가는 어느 정도 자신이 있다. 나도 모르게 감별은 하게 된 것이다. 저절로 학습된 감별법인데, 나의 학습 방법은 '정말 많은 커피숍을 다녔기 때문'이다. 그 어떤 커피숍 사장도 나보다 커피숍을 많이 다니지는 않았을 거라 자부한다.

새로운 커피 브랜드를 접하게 되면, 방문한 매장에서 수집한 정보를 바탕으로 운영하는 사장, 본사가 있다면 본사를 통해 추가 매장 오픈이나 개설 조건 등을 확인한다. 내가 맡은 건물에 유치하고 싶기 때문이다. 개인 브랜드의 커피숍이라도 커피가 맛있거나 공간 기획력, 접객 태도가 우수하면 해당 커피숍의 SNS 계정을 확인하고 어떻게 마케팅하고 있는지, 바리스타가 어떤 커피 대회 우승 경력이 있는지 등을 살핀다.

경우에 따라 바리스타가 너무 멋진 청년이거나 미모의 바리스타라면 질문도 해본다. 혹시 사장님인지, 직원인지, 어디서 커피를 배웠는지도 묻는다. 가끔은 내가 부동산 업계 사람임을 밝히고 명함을 건네며 연락처를 받아둔다. 뛰어난 바리스타는 커피숍 성공의 성패를 좌우한다. 월드 바리스타 챔피언십 입상자 같은 타이틀이 있다면 리크루팅 대상이 된다. 건물주에게 커피숍 오픈을 제안할 때, 이런 바리스타를 스카우트해 동업하라고 권하기도 한다.

강남구 청담동이라 해도 골목에 위치한 1층 상가는 스타벅스가 들어오지 않는다. 그렇다고 건물을 신축해 놓고, 건물의 간판과도 같은 1층 자리에 건물의 미적 가치를 해치는 업종을 들이면, 건물 전체의 값어치가 떨어진다. 나중에 매매를 시도할 때도 1층 임차인이 매매의 걸림돌이 되곤 한다. 그래서 애매한 위치의 1층 상가라면, 오히려 건물주에게 직접 커피숍을 운영해보시라고 제안한다. 이와 관련된 영업적 스킬은 무궁무진하다.

중개법인의 사장은 안목이 높아야 하고, 다방면의 아이디어를 낼 수 있어야 한다. 이런 안목과 아이디어는 평소에 많은 정보 수집과 새로운 시도에서 나온다. 축적된 정보, 아이디어를 소속 공인중개사(소속 공인중개사, 중개보조원, 컨설턴트, 에이전트 등 다양한 호칭을 일부러 모두 '소속 공인중개사'로 표현했다)들에게 곶감 빼먹듯 툭툭 던지면서 영업의 행군에 지친 영업 사원들이 밀려서 계약까지 갈 수 있도록 해줘야 한다. 커피숍 이야기도 그 일환이다. 다른 분야도 모두 적용되지만, 이 책에서는 내가 좋아하는 커피숍의 이야기를 예로 들어보았다.

부동산 일을 하는 사람에게는 출퇴근 시간이 없다. 없어야 되는 것이 맞다. 무슨 소리냐고 깜짝 놀라는 사람들이 있을 것이다. 쉬지도 자지도 말라는 뜻이 아니다.

'부동산'이라는 단어에 대해 24시간 주파수를 맞춰두라는 뜻이다. 잠을 자더라도 부동산 꿈을 꾸고, 밥을 먹더라도 장래 고객이 될 수 있는 맛집에서 먹으라는 뜻이다.

일부로 멍석을 깔고 하지 않아도 하는 김에 할 수 있는 부동산업 세일 즈는 무궁무진하다. 사장은 그런 마인드를 직원들에게 알려줘야 한다.

중개법인 사장이 영업 사원인 공인중개사들과 식사할 일이 생기면 그냥 식당이 아니라 부동산 일거리가 될 수도 있는 곳을 일부러 골라서 가보라는 뜻이다. 식사 후 명함을 건네며 "확장이나 빌딩 사실 일 있으시면 연락해주세요"라고 말할 수 있어야 하고, 직원들에게도 이런 모습을 보여야 한다. 이런 행위는 별도의 시간을 들일 필요가 없고 혹시 모를 고객 확보 차원에서 생각보다 큰 힘을 발휘한다.

**명심하자!**
**부동산 중개업 성공의 핵심 중 하나는 사람을 많이 만나는 것이다.**

매일 같은 식당에서 밥을 먹거나 매일 같은 커피숍에서 커피를 마시지마라! 그런 관점에서 커피는 나에게 부동산 일이다. 뒤에 언급한 도쿄 이야기, 속초 탐험가 이야기도 부동산이나 커피와 무관하지 않다.

이 장을 마치면서 부동산적인 커피 이야기 말고 커피 본연의 이야기도 한번 해보겠다. 나는 매일 아침 7시에 스타벅스에 가는 루틴이 있다. 스타벅스를 좋아해서 가는 것은 아니다. 평생 7시 전에 출근하며 살아왔는데, 보통 새벽 5시에 일어나 집에서 커피를 내려 마시면서 간밤의 뉴스나 유튜브 동기부여 영상을 보면서 출근 준비를 한다. 6시 40분쯤 회사에 도착하면 메일을 확인하고 답을 보내며 그날을 준비한다. 그리고 7시에 스타벅스로 내려가 7시 50분쯤 다시 올라온다. 50분 정도의 스타벅스 이용은 아침 집중 독서나 글쓰기 시간으로 활용된다. 스타벅스는 나에게 아침 단기 이용 공유 오피스다! 나는 스타벅스가 6시에 열었으면 좋겠다.

본격적인 일이 시작되면 커피숍에서 고객을 만날 일이 많은데, 내가 장소를 잡게 되면 이왕이면 안 가본 커피숍에서 만난다. 고객에게 "주소 보내 드린 커피숍에서 뵈요!"라고 문자나 카카오톡 메시지를 보내드린다. 맛있는 커피숍은 고객의 마음도 부드럽게 만들어준다.

주말이면 아직 가보지 않은 커피숍을 찾아 나선다. 집 근처 성수동은 물론, 조금 멀더라도 연희·연남동이나 강남 지역의 새로 오픈한 카페들을 둘러본다. 대기줄이 길다면, 유명 리테일 숍을 찾아 오픈런을 하기도 한다. 인기 있는 곳은 문 열기 전부터 줄을 서야 겨우 한 잔 마시고 나올 수 있다.

커피를 즐기는 커피 마니아 코스프레이자, 부동산 견학이라고 해두자. 이런 커피 투어는 내가 자주 가는 도쿄에서도 계속된다(일본은 커피의 성지 중 하나다!).

## 내가 애정하는 커피숍과 그 외 베스트 5 = 6개 커피숍

### ① Snugly 커피숍(군자역)

퇴근하고 하루를 정리하며 글을 쓰거나 책을 읽기 좋은 곳이다. 가게 이름처럼 포근하고 안락한 곳이다. 나와 같은 이유인지는 모르겠지만, 자주 보는 단골들과 짧은 대화를 나누는 재미가 있다. 어떤 날은 내가 스너글리 문을 열고 들어설 때, 커피숍 안의 모든 사람이 아는 얼굴일 때도 있다. 웃기지만 이런 점이 좋다. 단골들 사이에 의리 같은 것이 느껴지기도 한다. 언젠가 스너글리 사장님이 결혼하는 날 단골 손님들이 단체로 결혼식장에 모여 있는 풍경이 연출되는 것도 내가 이곳에 가는 이유일지 모른다.

자주 보는 손님들 중 내가 제일 나이가 많아, 가끔은 '혹시 분위기를 칙칙하게 만드는 건 아닐까' 하고 망설일 때도 있지만, 낮은 조도와 은은한 음악 덕분에 하루의 피로를 풀기에는 최고의 장소라고 생각한다. 퇴근 후에 갈 때와 주말 오전, 각기 다른 분위기를 느낄 수 있는 것도 매력이다. 특히, 글이 잘 써지는 공간이라, 내 책 여러 권이 이곳에서 태어났다고 해도 과언이 아니다. 2025년 7월 18일 퇴근 후, 지금 이 글을 쓰고 있는 장소 역시 스너글리 커피숍이다.

퇴근 전 에너지 충전소 겸, 창작 공간이기도 하다. 가끔 손님이 없을 때는 내가 부탁한 일본 노래를 틀어주실 때도 있어 더 좋다.

스너글리 커피숍에서 만나는 웃음 포인트는 바로, 주인 따라 자주 오는 귀여운 강아지들이다. 나는 사실 동물이 다가오면 어색하거나 무섭기도 하지만, 단골 강아지인 말티즈 '바다'는 유난히 귀염성이 있어 좋아한다. 그리고 어떻게 알고 오는지 모르겠지만 가끔 커피숍에서 외국인들도 만나게 된다. 아마도 사장님의 접객 태도가 외국 사람들에게 호감을 주는 것 같다.

## ② Mesh Coffee(성수동)

매쉬 커피 앞 길가에 서서 게이샤 원두로 내린 아이스 드립 커피를 마시는 순간이 즐겁다. 한 잔에 2만 원이라 조금 비싸지만, 그만한 이유가 충분하다(비싼 원두다!). 날씨가 좋으면 길가 은행나무 옆 플라스틱 맥주 박스 같은 간이 의자에 앉아 지나가는 사람들을 바라보며 마시는 느낌이 묘하게 '힙'하다. 무엇보다도, 커피가 정말 맛있다.

몇 년 전 처음 이곳에서 커피를 주문할 때, 나는 이렇게 물었다.
"정말 한 잔이 2만 원인 게 맞아요?"
호기심에 주문한 후, 비싼 커피는 얼른 사진부터 찍고 한 모금 마셔보았다. 첫 모금에 저절로 욕이 나올 정도로 맛있었다. 그 이후, 가끔 생각이 날 때면 가서 마시곤 한다. 성수동은 언제나 주차 전쟁터지만, 매쉬 커피 바로 옆에 대형 주차장이 있어 접근성이 좋다. 친구와 가서 커피 두 잔을 마시면 5만 원이지만, 절대 아깝지 않다.

## ③ Blue Bottle(성수동)

일요일 아침 8시, 블루보틀 성수 지하 매장은 에어컨이 시원하게 돌아가고, 적당히 소란스러우며 자리도 여유롭다. 차를 몰고 가서 뜨거운 아메리카노를 마시며 책을 읽는 즐거움이 있다.

블루보틀 아메리카노는 호주식 커피처럼 물량이 적어 진하고 고소하다. 주말 아침에 에스프레소를 곧장 위장에 넣는 건 내 위장에 대한 예의가 아니지만, 물량이 적은 아메리카노는 딱 그 중간지대다. 착한 에스프레소 같달까.

커피 맛도 좋지만, 사실 내가 이 매장을 좋아하는 이유는 공간감 때문이다. 1층에서 지하로 이어지는 구조가 멋지고, 주말 아침인데도 일찍 여는 점이 너무 좋다. 이 매장은 블루보틀 코리아 본사와 같은 건물이라 교육장 장비들을 보는 즐거움도 있고, 잔잔한 음악과 덜 깬 잠을 깨워주는 커피 향도 일품이다(커피 맛있기로 유명한 브랜드인데 현재는 세계 최대 커피 회사인 네슬레의 자회사다. 우리나라 맥심도 한국 최대 커피 원두 수입 회사지만 믹스커피 회사라는 이미지에 자존심이 상한 것인지, 아니면 보여주겠다는 의미인지 한남동에 맥심플랜트라는 멋진 커피 공간을 만들어 운영하고 있다. 네슬레는 '우리도 커피 아는 회사'라는 마음으로 블루보틀을 인수한 것으로 알고 있다).

특히 블루보틀 성수를 좋아하는 이유는 건물 옆 2호선 철길로 지나가는 전철 소리가 좋고, 내 이름을 불러주며 커피를 건네는 바리스타 옆에 놓인 꽃이 예쁘다. 매번 꽃이 바뀌어 그 계절의 변화를 보는 즐거움도 있다. 주말 성수 블루보틀에서 커피 마시며 책을 읽고, 10시쯤 나와 눈이 부시게 해가 떠 있는 주말의 아침을 즐기는 것이 나는 너무 좋다.

### ④ Friday Movement(성수동)

뚝섬역 골목길 가장 끝 쪽에 자리한 이 카페는 원래 홍대에 있었지만, 젠트리피케이션 영향으로 성수로 이전한 샵이다. 카눌레가 맛있는 집으로도 유명하지만, 파도 타는 '서퍼'이신 사장님의 감성으로 편집된 서핑, 캠핑용품들로 가득하다. 카페 내부 인테리어에서도 양양 바닷가 감성이 엿보인다. 커피숍 외부에 놓인 캠핑 의자에 앉아 2~3분 간격으로 지나가는 2호선 전철을 바라보는 느낌이 너무 좋다.

일본에 가고 싶은 날, 퇴근길에 가끔 들르는 카페다. 피곤한 퇴근길에 오렌지 콜드브루 커피를 마시고 나면 피곤함이 싹 날아간다. 커피 한 잔 들고 가게 밖 캠핑 의자에 앉아 지나가는 2호선을 올려다보면서 한 모금, 한 모금 마시는 순간이 참 좋다.

### ⑤ Bonanza Coffee(군자동)

독일 베를린에서 한국으로 날아온 커피숍인 보난자 커피는 우리 집 근처에 있다. 평소 움직이는 것을 싫어해 운동을 자주 하지는 않지만, 주중, 주말 가리지 않고 새벽에 일어나도록 뇌가 세팅되어 있다 보니 화창한 주말 아침이면 문득 뛰고 싶어질 때가 있다.

이럴 때면 어린이대공원으로 뛰러 가곤 한다. 어린이대공원은 워낙 넓어서 일단 들어서서 중간까지 뛰면, 뛴 만큼 다시 뛰어야 나갈 수 있기에 어느 정도 자동으로 운동량을 채울 수 있다. 1시간 이상 돌고 정문으로 나오면 내가 학부와 석박사과정을 모두 다닌 세종대학교 정문이 보인다. 학교 정문을 바라보면서 군자역 쪽으로 조금만 걸으면 대로변에 보난자 커피가 4층짜리 스타벅스와 버거킹 옆에 있다.

바로 옆에 두 개의 대형 커피숍이 있는데, 스타벅스에 가는 사람과 보난자 커피에 오는 사람은 완전히 다른 이유로 온다. 대학교 옆 스타벅스는 스터디 카페처럼 이용하는 사람들이 많고, 보난자 커피는 두말할 필요 없이 맛으로 찾는다. 특히 한국인의 최애 커피인 아이스 아메리카노가 일품이다. 같은 건물에 대형 로스터리가 함께 있어서, 원두가 신선하다는 믿음도 있다. 게다가 식사 대용이 될 만한 베이커리류도 다양하다. 1층과 2층 모두 넓지만, 나는 건물 밖 야외 벤치를 더 선호한다. 어린이대공원을 바라보며 시원하게 부는 바람을 맞으면서 조금 뛰었다고 흘린 땀을 말리는 그 기분이 너무 상쾌하다. 러닝 중 들었던 시티팝을 이어서 들으며 보난자 커피를 마시는 순간이 나는 너무 좋다.

### ⑥ Manufact Coffee(연희동) & 로얄싸롱

메뉴팩트 커피는 마음이 허전할 때 찾는 커피숍이다. 연희동에 있어 집에서 가깝지는 않지만, 부동산이라는 직업 특성상 많이 돌아다니기 때문에 홍대나 서대문 쪽에서 일이 끝나면 가고 싶은 생각이 드는 곳이다. 연희동은 내가 사는 어린이대공원 주변과 약간 닮은 구석도 있는데, 개인적으로 메뉴팩트 커피에 가면 마음이 뻥 뚫리는 느낌을 받는다.

연희맛로(골목길 이름)를 중심으로 다양한 카페와 편집숍, 그리고 널찍한 사러가 쇼핑의 주차장이 일본 다이칸야마 뒷골목 감성을 주기 때문에, 일본에 가고 싶은 날 찾게 되는 동네다. 사러가 쇼핑이 내려다보이는 창문을 가진 메뉴팩트 커피는 연희동을 잘 모르는 사람이 건물 앞을 휙 지나치면 찾기 힘든 공간이다. 간판이 작고, 오래된 상가 건물의 가파른 계단을 올라가면 그야말로 커피숍은 문전성시를 이룬다. 항상 꽉 차 있다.

나는 속초에 가지 않는 토요일이나, 쉬는 일요일 아침, 가게가 열자마자 들어가서 사람들이 차기 전까지 노트북을 펼쳐 글 몇 줄 쓰며 드립 커피를 마시는 시간을 즐긴다. 시간 여유가 있으면 인근의 일본식 레스토랑인 로얄싸롱에 들러 나폴리탄이나 돈카츠를 먹고 집으로 돌아오곤 한다. 인간관계나 업무에서 무언가 허한 느낌이 들 때면 '연희동, 커피, 나폴리탄, 책'이라는 단어들이 겹쳐서 떠오른다. 특히 나폴리탄은 기분이 우울할 때 나를 즐겁게 만들어주는 음식이다. 도쿄에 가면 꼭 한 번은 먹고, 연희동에 가면 로얄싸롱에서 즐겨 먹는다. 내가 로얄싸롱에 데리고 갔던 몇몇 사람이 떠오른다. 그 사람들의 공통점은 좋아하는 사람들이라는 것이다. 나는 좋아하지 않는 사람은 내가 애정하는 가게에 절대 데리고 가지 않는다. 그만큼 나에게 소중한 공간이기 때문이다.

연희동은 부동산 투자 측면에서도 인근 연남동, 합정역과 함께 서울에서 선호되는 투자 지역 중 하나다. 언젠가 연희동 골목길에 내 건물이 생기기를 소망하지만, 매물이 좀처럼 나오지 않는 동네이기도 하다.

# 나에게 도쿄란?

나는 도쿄를 1년에 3~5번 정도 꾸준하게 다닌다. 여행은 아니다. 근본적으로 나에게 관광은 없다.'내 일본 투어의 시작은 20년 전 정도로 거슬러 올라간다. 가족들과 갈 때도 많지만, 대부분은 혼자, 그리고 목적지는 늘 도쿄다. '부동산 투어'가 목적이기 때문이다.

내 직업인 부동산 중개, 빌딩 자산관리 & 임대차에서 확장된 활동으로, 부동산 중개 실무 교재, 자기계발서, 빌딩 자산관리법 등을 집필하거나 자기 성장을 위한 교육 목적으로 다니고 있다. 도쿄의 빌딩을 보러 다닌 것만도 50번이 넘는다. 아마 도쿄 견학에만 1억 원은 족히 썼을 것이다. 벤츠 S클래스 한 대 값은 이미 썼다고 생각한다. 하지만 내가 얻은 것은 롤스로이스 몇 대 값에 해당한다고 믿는다. 늘 강조하지만, 자기 성장을 위한 교육과 공부에 투자하는 돈의 수익률이야말로 가장 높다.

한국에도 빌딩이 많고 한국도 선진국인데 뭘 배울 것이 많다고 도쿄를 그렇게 다니냐고 묻는 사람도 있고, 도쿄에 애인이라도 있냐고 묻는 사람도 있다. 우리나라 사람들은 참 남의 일에 관심이 많다. 엔화 한 장 주지도 않으면서 말이다. 우리나라의 많은 분야는 일본을 앞서 있다. 그런데 내 직업의 분야에서는 아직 일본이 앞서 있다.

배울 것이 없는데 왜 가겠는가? 비록 내가 일본 가수 마츠다 세이코(松田聖子)를 좋아하고, 일본 음식들도 좋아하지만, 목적은 빌딩 공부다. 그 '앞서 있음'을 체감한 순간부터, 새로운 건물이 준공되면 반드시 보러 가는 것이 생활의 큰 낙이 되었다. 보통 도쿄 견학을 마치고 돌아오는 길에, 2~3개월 뒤의 항공권을 바로 예약한다.

그리고 그 두 달 후를 위해 더 열심히 살아간다. 아무리 스트레스를 많이 받아도 두 달 후, 한 달 후, 2주 후, 1주 후, 내일… 그렇게 하네다 공항에 내리는 내 모습과 시부야에서 커피 마시는 내 모습을 상상만 해도 스트레스가 사라진다. 도쿄에 가면 하루 3~4만 보는 기본으로 걷는다. 자는 시간을 제외하고 한정된 시간 속에서 하고 싶은 것은 다 하고 돌아온다. 한국으로 돌아와서 두 달간 틈틈이 검색해놓은 신축 건물, 핫플레이스, 커피숍을 찾아다닌다.

김포공항에서 출국하기 전, 도쿄에서 할 일들은 이미 정리되어 있다. 보통은 3일 일정이지만, 꼭 가야 하는데 시간이 없으면 1박 2일, 심지어 당일치기로 다녀올 때도 있다. 도쿄 당일치기는 극강의 간지다. 한번 해보면 평생 잊히지 않는다. 이유는 단순하다. 흔치 않은 경험이고, 돈이 많이 들기 때문이다.

일본을 처음 갔던 날이 생각난다. 스마트폰이 없던 시절, 도쿄역에서 1시간 넘게 헤매다가 니혼바시(日本橋)까지 걸어갔던 기억이 난다. 직업이 부동산 공인중개사지만 남의 나라 골목 구석구석까지 다 알기는 불가능하다. 지금은 말도 안 되지만, 도쿄역 마루노우치(丸の内) 방면과 야에스(八重洲) 방면조차 구분하지 못해 헤맸다. 지금은 다르다. '도쿄역'이라는 단어만 떠올려도 도쿄역을 중심으로 동서남북이 머릿속에 그려지면서 웬만한 동네가 다 연결되어 떠오른다. 하지만 그 당시에는 굉장히 헤맸다(서울역도 앞은 서울역 광장, 뒤는 서부역인 것처럼 도쿄역도 앞뒤가 굉장히 다르다. 서울역이랑 도쿄역이 닮은 디자인이라는 것을 아는 분들이 많을 것이다. 어쩌면 당연한 이유인데 서울역은 일본 강점기 일본인들이 도쿄역을 본떠 지은 경성역이었기 때문이다).

도쿄에 도착하면, 지난 방문 후 2~3개월 동안 정리해둔 장소들을 순서대로 찾아간다. '오늘은 ○○○의 날' 이런 식으로 테마를 정한다. 일정은 당일치기, 1박 2일, 3박 4일, 4박 5일에 따라 다르다. 내가 가장 길게 있었던 건 2주였다.

그럼, 2박 3일 기준으로 내 일정을 이야기해보겠다. 김포공항에서 첫 비행기로 하네다 공항(羽田 空港)에 도착한다. 이런 스케줄이면 보통은 점심 식사는 도쿄 시내에서 할 수 있다. 나는 하네다 공항에서 도쿄 시내로 나갈 때 보통 공항버스를 이용한다(도쿄는 하네다 공항, 나리타 공항으로 갈 수 있는데, 내가 어떤 지역을 중심으로 투어를 할 것인지에 따라 일부러 나리타 공항으로 가야 하는 경우도 있다. 도쿄는 우리가 생각하는 것보다 크다. 서울의 몇 배 크기라는 것을 잊지 말자!).

경치를 보면서 오다이바에서 도쿄 시내를 레인보우 브리지로 넘는 것도 좋고, 시내로 바로 데려다주기 때문이다. 버스나 열차 이용의 선택은 가는 곳에 따라 달라지는데, 첫날은 가장 가보고 싶었던 신축 건물로 간다. 그래서, 첫날은 부동산 데이라고 정하고 건물을 최대한 많이 보러 다닌다. 3일 일정이라면, 이동 중에도 그 동네 유명 커피숍을 미리 찾아두고 틈틈이 들른다. 커피 중독자인 만큼 말이다. 50번 넘게 다니다 보니, 도쿄에서의 나의 기동성과 순발력에 스스로 놀랄 때가 있다. 일본어도 잘 못하지만, 어떻게든 필요한 것을 얻어낸다.

둘째 날이면 평소처럼 새벽에 일어나 호텔 근처 동네 뒷골목을 돈다. 낮에 견학한 대형 건물들과는 규모가 전혀 다른, 도쿄의 뒷골목 건물들을 보기 위해서다. 작은 건물 천국인 도쿄에는 기발한 꼬마빌딩 디자인이 넘쳐난다. 새벽부터 머릿속에 아이디어가 마구 입력되는 기쁨을 맛본다. 호텔로 돌아오는 길에 동네 아침 맛집을 눈여겨본 뒤, 돌아와 체크아웃을 하고 2일 차 행군에 나선다. 보통 2박 3일 일정에서 둘째 날은 하루 종일 견학에 충실하게 대형 건물 투어에 집중한다. 3~4만 보 걷는 건 기본이고, 중간에 신축 건물이 보이면 준공 날짜를 꼭 확인해둔다. 준공 무렵에 다시 보러 오기 위해서다.

빌딩을 보러 다니다가 유명한 미술관이나 서점이 있으면 꼭 들른다. 그림도 보고 책도 사는 일이 큰 행복을 준다. 아직도 우연히 들어간 우에노 도쿄 서양미술관에서 마네(Edouard Manet), 모네(Oscar-Claude Monet), 르누아르(Renoir), 로댕(Auguste Rodin)의 작품을 마주했던 놀라움이 생생하다. 건물 자체가 르 코르뷔지에(Le Corbusier)의 설계 작품이고, 입구에 전시된 로댕의 작품들은 감탄사를 절로 나오게 한다. 요즘도 도쿄 동부를 돌게 되면 이 미술관에는 꼭 들르는 편이다.

그렇게 이튿날이 끝나가면 저녁은 의미 있는 식당에 가서 먹는다(맛집이라고 할 수 있다). 식사 후에는 도쿄의 어느 골목을 걸으며 편의점에 들른 뒤 호텔로 돌아온다. 참고로 나는 호텔도 부동산 투어의 일부라 생각해서 될 수 있으면 한 번 이용한 곳은 다시 가지 않는다. 마지막 날도 새벽에 일어나 호텔 주변 골목을 걸으며 보석 같은 예쁜 건물들을 찾고, 도쿄 사람들의 새벽 일상을 관찰하고 기록한다. 그리고 서울에 돌아온 다음 날을 생각해 컨디션 조절을 할 겸, 하네다 공항에서 점심 무렵 출발하는 비행기를 타고 돌아온다.

이런 패턴으로 50번쯤 다니며 얼마나 많은 건물을 보고, 또 얼마나 많은 커피를 마셨는지 모른다. 간혹 3박 4일 이상 머무를 때면 하루를 '커피의 날'로 정해 아침부터 종일 커피숍만 찾아다닌다.

언젠가는 하루에 커피를 18잔 마신 적도 있다. 첫 잔은 '나카메구로'의 블루보틀에서 시작했다(한국에 블루보틀이 들어오기 훨씬 전이었다). 오후에만 10곳 넘는 커피숍을 다니다 보니, 나중에는 커피가 잘 넘어가지 않았다. 그래서 한 모금 마시고 맛을 음미한 뒤, 나머지는 버리는 식으로 밤이 될 때까지 안 가본 커피숍을 찾아다녔다. 왜 그렇게까지 하냐고 묻는다면, 그냥, 그날은 온종일 커피숍 다니기로 한 날이었기 때문이다.

과거, 영업할 때 전단을 하루에 200장 가까이 돌린 적이 있었다. 당시에는 소형 빌라 분양이나 상가 임대 같은 작은 물건도 많이 취급하던 20대 후반의 '꼬마 시절'이었다. 그러니 커피숍 18곳쯤 가보는 건 아무것도 아니다. 한 모금 마시고 버리는 게 아깝지 않냐고 묻는다면, 일반인 입장에서는 당연한 말이지만, 부동산쟁이나 커피쟁이 마인드에는 맞지 않는다. 나는 도쿄에서도 나만의 커피 기준(커피 맛, 공간, 접객 태도)으로 커피를 마신다.

이런 관찰을 통해 내 영업 태도와 마인드를 끊임없이 보정한다. 바리스타의 멋지고 친절한 행동 속에도 복사하고 훔쳐서 내 고객과 영업에 적용할 부분이 많기 때문이다. 그런 '훔칠 것'을 발견하는 순간, 도쿄 여행 경비는 전혀 아깝지 않은 교육비가 된다. 도쿄에 갈 때마다 다른 지역의 빌딩을 보러 다니다 보면, 그 지역 유명 커피숍을 찾는 건 즐거운 덤이다. 특히 '커피의 날'로 정한 일정에는 유명 커피숍이 많은 커피 격전지 같은 곳을 아침부터 찾아간다. 기요스미시라카와(淸澄白河), 닛뽀리(日暮里), 시부야(渋谷), 나카메구로 (中目黒) 같은 핫플레이스의 커피숍들에 가는 것 자체가 행복이다.

요즘은 이런 소문이 나서, 일본에 가려는 지인들이 도쿄 부동산 투어 일정을 짜달라고 부탁하거나, 내가 도쿄에 있는 것을 알고 연락해서 현지에서 만나는 SNS 친구들도 많아졌다. 이것 역시 도쿄 투어의 즐거움이다. 그렇게 빌딩 투어를 마치고 한국으로 돌아와 중개 일을 하다 보면, 일본에서 본 아이디어를 국내 건물에 반영하고 싶은 마음이 크다. 그러나 내가 직접 짓는 건물이 아니라서 건물주를 설득해야 하기에 쉽지 않다. 개인 건물주는 예산 문제로, 대형 건물 소유자인 펀드·리츠 회사는 몇 년 후 팔 건물이라 투자 의지가 약하다. 펀드·리츠의 만기는 3~5년이 대부분이기에 자산관리(PM, Property Management) 측면의 밸류 애드(Value Add)에 큰 관심을 두지 않는다.

나도 부동산 일을 28년 했지만, 아직 나의 경험을 온전히 풀어내고 받아줄 회사나 사람을 만나지는 못했다. 인생이 마음먹은 대로만 되는 건 아니니까 그냥 사는 거다. 그래서 재산을 함부로 관리하는 금수저 부자를 보면 답답하고 화도 나지만, 그것도 그 사람 팔자라 생각한다. 이제는 안타깝지도 않다. 오히려 돈과 관련된 답답함을 만나면, 그게 내 인생의 과정이라 받아들인다. 어차피 편하게 살라고 태어난 건 아니니 말이다.

한국과 일본의 대형 건물 자산관리 개념은 매우 다르다. 한국 대형 건물의 소유주는 대기업 사옥을 제외하면 금융사 소유가 많다. 대기업도 자회사 금융사를 통해 부동산을 간접 소유하는 경우가 많다. ○○자산신탁, ○○자산운용 같은 부동산 금융회사가 펀드나 리츠 형태로 건물을 보유하고, 그 뒤에 연기금·투자사·개인 투자자가 간접 소유하는 구조다. 보통 3~10년 주기로 소유권이 바뀌기에 자산관리 계획도 그 주기에 맞춰 세워진다.

자산관리 계획에는 현상 유지 비용, 자산관리를 높이는 밸류애드 비용, 임차인 유치 및 관리에 드는 비용 등이 있다. 소유권이 유지되는 기간을 넘어서는 자금 투입이나 계획은 어떻게 보면 불필요하다. 대기업 사옥의 경우야 건물 내 설비 중에서 고장 나지는 않았지만 오래된 경우에는 예의 주시해 미리 교체하거나 수시로 점검하는데, 수익률을 최우선으로 하는 투자 물건인 건물들은 고장이 나기 전에는 미리 비용을 들여서 교체하거나 부속 등을 교체하지는 않는 측면도 있기 때문이다.

신축 건물인 경우, 당장 5년, 10년 정도는 큰 문제가 안 생기겠지만 15년, 20년 차에 그 건물의 '상품성'이 유지될 수 있을지 의문이다. 부동산도 만드는 데 원가라는 것이 존재하고 투자 수익률을 생각해야 하는 상품이다. 준공 시점의 원상태를 얼마나 잘 유지하는지가 중요하고, 단계별 리뉴얼과 밸류애드가 필요하다. 상품성을 잃으면 임차사(사용자)가 떠난다. 간혹, 임대인 중에는 건물주라는 프라이드는 강한 반면, 본인의 수익이 임차인에게서 나온다는 인식을 못 하는 경우가 있다. '입주 서비스'는 건물주의 마인드에서 나온다. 그리고 이 마인드를 배우러 내가 도쿄에 견학을 다닌다고 해도 과언이 아니다.

일본은 개인 소유 건물도 많지만, 특정 지역 기반의 전통 기업이 보유한 부동산이 많다. 교통·유통망을 가진 기업이나 금융사, 종합 그룹이 한 지역을 오랫동안 소유하고 개발·운영한다. 이른바, 나와바리(繩張-リ : 세력권, 텃밭)를 가지고 있고, 그 나와바리를 잘 유지하고 있다. 마루노우치는 미쓰비시의 동네다. 시부야는 도큐센(전철 회사, 쇼핑몰 보유 회사)의 동네다.

그리고 니혼바시는 전통적인 상권인 점이라는 점 때문인지 전통적 대기업인 미쓰이의 동네다. 이런 식으로 주요 도심, 부심에는 그 동네를 나타내는 부동산이 있고, 그 부동산의 소유사들이 있다.

왜 도쿄역 앞의 넓은 부지가 미쓰비시의 구역인지, 도쿄 부동산 이야기를 시작하자면 끝도 없다. 내가 도쿄에 다니면서 이런 스토리까지 공부하고 조사해 알게 되는 과정이 참 즐겁다.

우리나라는 조선 멸망 이후 일제강점기, 남북 분단, 6·25 전쟁, 경제 발전 우선주의 등을 거치면서 '어디가 누구 땅이었는지, 누가 부자였고 누가 양반이었는지'가 의미 없는 사회가 되었다. 여러 이유(좋지 않은 이유도 포함해서)로 부자·대기업(재벌)이라는 특이한 경제 구조가 형성된 것이다. 반면, 일본은 나라가 망한 적이 없고, 전쟁은 많이 치렀지만, 지배층이 그대로 유지되었다. 오래된 부자가 여전히 부자인 나라라서 원래의 부가 상당히 많이 이어지고 있다. 그래서 특정 동네의 몇백 년 전 부자가 아직 부자인 경우가 많다. 나와바리 같은 말은 우스갯소리로 어둠의 형님들 영역만을 이야기하는 것은 아니다. 이 나라에는 'Area Management', 'Town Management'라는 말이 있을 정도다.

우리나라 서울도 과거에는 도심과 부심이 역할을 나눴다. 하지만 지금은 예전 부심 지역들이 제 기능을 다하지 못한다고 생각한다. 내가 도쿄에서 재미있다고 느끼는 것은 '가도가도 끝이 없다'는 점이다. 예를 들어, 긴자(과거 은화를 만들던 동네)는 명동과 단순 비교하기 어렵다. 긴자를 서울 어느 지역에 비유하자면 명동이 떠오르지만, 규모는 명동의 수십 배다. 긴자역에서 동서남북으로 걷다 보면 '명동+테헤란로+을지로+광화문+여의도'가 합쳐진 듯한 동네다. 규모뿐만 아니라 기능도 방대하다.

우리나라의 홍대와 비교하는 시부야의 경우도 마찬가지다. 시부야는 '홍대+테헤란로+청담동+성수동+대학로+용산'이 합쳐진 동네처럼 느껴진다. 우리나라에서는 더블, 트리플 역세권이라고 말하는 큰 역들이 도쿄에서는 꼬마 환승역 같다. 시부야역만 하더라도 거의 열 개가 넘는 JR, 도쿄 메트로 노선들이 지나고, 나리타익스프레스(NEX) 같은 공항 철도도 지난다. 심지어 대형 쇼핑몰들은 버스터미널을 품고 있다. 지역 내 건물주들이 한 회사인 경우가 많다 보니 지역 내 건물은 지상, 지하로 모두 연결되어 있다. 연결된 건물마다 쇼핑몰 임차인 구성도 다양하다. 오피스, 쇼핑몰, 호텔, 레지던스들이 복합적으로 개발되어 있다. 특히 지역 상권에 대한 세심한 배려도 엿보인다. 내가 전공한 부동산 정책이나 관심 있는 도시재생 분야에서 참고할 부분이 많아 자주 찾게 된다.

그 구역 안의 부동산들은 팔려고 신축하는 것이 아니라 갖고 있으려고 짓는 건물이다 보니 50년, 100년을 내다보고 계획·운영하는 것처럼 보인다. 그래서 놀라게 되는 요소가 한둘이 아니다. 그런 놀라움을 한번 경험하면 그 아이디어를 머릿속에 담아 한국으로 돌아온다. 그리고 언젠가 써먹을 수 있도록 뇌가 자동으로 가공해 업그레이드하리라 생각하며 그냥 둔다.

사람들이 내게 "예시를 잘 든다", "아이디어가 좋다"라고 말할 때가 있는데, 아마도 이렇게 돈을 들여 내 뇌에 영양분을 공급한 덕분일 것이다. 도쿄 견학, 새로운 공간을 확인하려는 습관, 책을 많이 사는 습관, 고등학교 졸업 이후 계속 이어온 공부의 시간들…. 사실 내가 대학을 일곱 군데나 다닌 것은 아는 사람이 많지 않다. 경영·호텔·영문·중문·부동산 등 다양한 전공을 공부했고, 심지어 미술도 4년 동안 배웠다. 공부에 쏟아부은 어마어마한 시간과 돈은 결국 내 인생에 큰 자산이 되었다. 생각하는 사람이 왜 '생각하는 모양'인지조차 모르는 것과, 로댕의 작품 의도를 알고 보는 것은 인생의 국면을 전혀 다르게 열어준다.

도쿄에서 얻어 머릿속에 차곡차곡 쌓인 아이디어가 의외로 평상시 부동산 일을 하며 고객 상담을 할 때 큰 도움이 된다. 작은 건물 매매, 리모델링, 임차인 교체 등의 이슈에 도쿄 뒷골목에서 본 사례들이 바로바로 떠올라 쓰이곤 했다. 원래 아이디어라는 것이 알고 이야기하는 것은 쉽지만, 아예 머릿속에 비슷한 것이 없는데 창조되어 나오기는 쉽지 않기 때문이다. 그런 재료를 얻는 즐거운 시간이 도쿄 투어라고 할 수 있다.

# 나에게 속초 탐험가라는 부캐의 의미

몇 년 전, 전 세계를 멈춰 세웠던 '코로나 팬데믹'은 세상을 엄청나게 빠른 속도로 바꿔놓았다. 심할 때는 스타벅스를 비롯한 커피숍 매장에 앉을 수 없고, 테이크아웃만 가능하던 시절도 있었다. 누구나 나름의 고통이 있던 시기였다. 나 역시 두 번이나 코로나에 감염됐고, 한 번은 초기라 심하게 격리되기도 했다. 그 이후에도 독감 같은 증상을 심하게 앓은 적이 있었는데, 아마 그때도 감염이었을 것이다(여러 번 감염된 자의 느낌적인 느낌이다).

답답할 때면 차를 몰고 바닷가에 가서 바람을 쐬고 오곤 하던 나는, 코로나 시기에는 혼자 바다를 찾는 일이 더 잦아졌다. 도쿄에도 갈 수 없는 전 세계 왕래 중단 사태 속에서, 어느덧 매주 토요일 새벽이면 동해를 찾는 것이 정기적인 습관이 됐다.

그 시작에는 계기가 있었다. 워낙 내 사고방식이, 무언가 벽을 만나면 해결할 방법을 끝까지 찾아내는 스타일이기 때문이다.

답답한 인간관계나 업무상 풀리지 않는 고민이 심해지던 어느 날, 아마 2020년 4~5월쯤이었을 것이다. 주말 새벽에 깨어나 차를 몰고 휙 바다로 향했다. 특별히 어느 해변을 정한 건 아니었지만, 2시간이 채 안 돼 도착한 곳은 양양군 강현면의 정암 해변이었다. 양양과 속초의 경계에 자리한 이 해변은 파도 소리가 기가 막히다. 해변마다 파도 소리가 다른데, 파도가 부딪히는 해변의 모양과 모래인지 몽돌인지 같은 해변의 재질에 따라 소리가 달라진다.

그날 운전하는 2시간 동안 음악도 틀지 않고 고민거리만 계속 곱씹었다. 서울양양고속도로는 터널이 많고, 새벽에도 밝은 직선도로라 안전한 드라이빙이 가능하다. 편도 2차선 위주의 도로인데, 사실 운전하다 보면 편도 2~3차선이 가장 편하다. 사람은 생각보다 평소에 깊게 '생각'하지 않는다고 하지 않던가.

정답이 아닐 수는 있지만, 이렇게 2시간 가까이 한두 가지 고민에 집중하다 보면 '아, 이렇게 해보면 어떨까?' 하는 솔루션이 몇 가지 떠오른다.

내 고민은 내가 제일 잘 알기에, 해결 방법도 결국 내가 가장 잘 찾을 수 있는 법이다. 그 답을 생각 속에서 끌어내는 방법을 우연히 알게 된 셈이다. 머릿속에 이런저런 답이 둥둥 떠다니는 상태를 경험한 것이다.

그렇게 답은 아니더라도 '이렇게 하면 어떨까' 하는 생각 속에서 어두운 바닷가에 도착해, 캠핑용 의자와 나만의 '바다 커피 박스'를 꺼낸다. 해 뜨기 전의 어두운 바다에서 커피 물을 끓이고, 원두를 그라인더로 갈면서도 계속 생각을 이어가는 것이다.

아무런 방해꾼도 없이 말이다(온전히 내가 나에게 묻고 대답하는 시간이다).

어느덧 해가 떠오르는데, '유레카!' 머릿속에서 '아! 이렇게 하자!'라는 생각이 확정되며 마치 오락실 테트리스 퍼즐이 '띵띵띵' 하고 맞춰지는 것처럼 고민이 해결된다. 2020년의 그날도 바다에 가자 고민이 해결되고, 10년 묵은 체증이 쑥 내려갔다. 그 이후로 나는 거의 매주 토요일 새벽이면 속초를 향하게 되었다. 물론 속초 외에도 강릉, 고성, 양양, 동해, 삼척, 심지어 가마쿠라·부산·군산·강화 등 바다를 같은 이유로 찾지만, 나는 이를 모두 '속초 탐험'이라 부른다.

속초를 가장 많이 가기 때문이기도 하고, 내 별명을 이기주 작가님이 속초 탐험가라고 붙여주셨는데, 이 이름이 퍽 마음에 들기 때문이다(코로나 시기, 음성 기반 SNS인 클럽하우스가 유행하던 시절, 거의 매일 이기주 작가님이 여시는 토론방에서 자주 뵙곤 했다. 아마 작가님도 독자와의 소통 창구로 라디오 같은 음성 플랫폼을 많이 활용하셨던 것 같다).

2020년 4월부터 주 단위로 계산해 2025년 7월이면 약 250~260주가 된다. 지난주(2025년 7월) 속초 탐험이 257번째였으니, 거의 매주 간 셈이다.

최근에는 매주 가지는 못하지만, 초기에 '속초 빠짐'이 심했을 때는 토요일엔 속초, 일요일엔 강릉처럼, 일주일에 두 번 바다를 간 적도 있다.

최근에는 한 달에 한 번만 가거나, 아마 몇 달을 안 간다고 하더라도 속초를 가는 것과 같은 효과가 나기 시작했다. 회사 사무실 내 책상에서 눈을 감고 '여기는 속초다', 이렇게 주문(?)을 외우면 바로 낙산 해변, 정암 해변, 속초 해변도 되고 봉포 해변, 송정 해변으로 내 혼이 출장을 갔다 오기 때문이다. 심지어 평일 저녁 6시에 출발해서 8시에 속초에 도착 후, 저녁 먹고 속초 동아서점에서 책을 산 후, 바로 9시 반에 돌아오는 일정으로 다녀올 때가 있다. 그럼 업무상 해야 할 일이나 계약 관련 문구, 인사 채용 관련한 고민 등이 12시 전, 집에 돌아올 때면 거의 다 해결된다. 한마디로, 나에게는 '평상 시간'이다.

이 책을 읽는 독자분들 중에서 세상살이에 스트레스 몇 가지쯤 없는 사람은 아마 없을 것이다. 어떤 사람은 고민이나 스트레스를 해결하기보다 당장 잊고 싶어서 술을 마시거나 비생산적인 활동을 하기도 할 것이다. 하지만 나는 감히 제안하고 싶다. 각자 본인 라이프 스타일에 맞는 '탐험'을 하시라! 퇴근 후, 산책이나 운동도 좋고 대학원에 다니거나 무언가 새로운 것을 배우며 '긍정적인 생각'을 키울 계기를 만드는 것도 좋다.

나의 경우, 언젠가 기회가 되면 나만의 자동차 차고를 만들어서 내가 좋아하는 올드카를 구입하고 싶다. 반년이든 1년이든 퇴근 후, 직접 고쳐서 속초에 몇 번 타고 다니다가 다시 팔고, 다시 다른 차를 사서 고치고 즐기고 파는, 그런 새로운 취미를 즐기고 싶다(하고 싶은 것이나 꿈 같은 것들은 죽을 때 멈춰야 한다. 살아 있지만 꿈이 없고 하고 싶은 게 없다면 그것은 살아 있는 유령이나 다름없다. 살아 있다면 계속 꿈을 꾸자!). 나는 미래에 하고 싶은 것들을 평소에도 자주 생각하는 편인데, 이러한 것들이 지금의 힘든 상황이나 벽을 만날 때, 그것을 돌파해야만 하는 이유가 되어준다.

속초는 이런 이유로 나는 대부분 혼자 간다. 혼자 가야 목적에 맞기 때문이다. 마치 교회나 절에 가는 마음처럼 혼자 간다. 스트레스가 많아진 당신에게도 당신만의 '스트레스 탈출구'를 개발해서 루틴으로 만들어보라고 권하고 싶다.

새벽 3시 반에 누군가와 약속을 잡아 함께 가는 것은 나의 속초 탐험 목적에 맞지 않는다. 속초로 가는 전날 밤, 차 트렁크에 속초 탐험 키트를 실어놓고, 일어나자마자 4시 전에 천호대교를 지난다. 집이 동쪽 끝이라 천호대교를 타는 순간 5분이면 서울양양고속도로로 이어지기 때문에 쭉쭉 달려서 양양IC를 1시간 40분 정도면 통과한다. 그러면 5시 반 정도면 바다에 도착한다.

양양IC를 나오자마자 낙산 해변이 나온다. 내가 제일 좋아하는 해변이다. 그래서 낙산 해변은 나 혼자만 가거나, 내가 사랑하는 사람과만 함께 간다. 낙산해변은 해안선이 곧고  길다. 파도가 칠 때마다 너무 예쁜 물보라를 일으킨다.

해돋이와 커피 타임을 즐긴 뒤, 바로 옆 낙산사로 향한다. 낙산 꼭대기의 해수관음상과 메인 전각인 관세음보살상이 모셔진 원통보전에서 불공을 드린 후, 아침을 먹으러 속초 시내의 식당으로 이동한다. 나는 계절에 상관없이 늘 간다. 영하 20도의 한겨울 날씨에 낙산 해변에 서 있다 보면, 바닷가 전체에 나 혼자뿐일 때가 있다. 그 순간, 나는 인간사를 생각하게 된다. 인생의 봄·여름에는 주변이 친구인지, 원수인지 모를 사람들로 북적댄다.

인간사의 '겨울' 같은 날에 곁에 남아 있는 사람이 있는지가 중요하다. 그러나 대부분 없다. 겨울의 바닷가처럼 말이다. 겨울의 낙산사도 마찬가지다. 한겨울에는 나는 괜히 부자가 된 느낌이다. 이 넓은 바다가 전부 내것이 되고, 이 큰 절이 전부 나만을 위한 불공 기도처이기 때문이다. 나만을 위한 관세음보살님이다. 불공 효과가 최고라고 느껴진다.

아침을 먹은 뒤에는 9시에 문을 여는 속초 동아서점이나 문우당서림에 들러, 다음 주에 읽을 책 두 권 정도를 사서 바로 서울로 향한다. 이렇게 사 온 책들은 그다음 주 일주일 내내 들고 다니기만 해도 바닷가에 있는 기분을 유지시켜주는 트리거 효과를 준다. 9시에 여는 서점에서 10분쯤 머물며 책을 고르고, 조양동 스타벅스 드라이브스루(DT)에서 커피를 사서 조양동과 가까운 북양양IC로 향한다. 집에 도착하면 11시 10~20분 정도가 된다. 토요일 하루가 온전히 남아 있게 된다.

집에 도착하면 가족과 점심을 먹으러 성수동에 가거나 기분이 정말 좋은 날이면 바로 회사에 가서 지칠 때까지 일한다. 방해받지 않고 주말에 몰입해 일하다 보면, 평일 며칠 치 업무를 토요일 하루에 끝낼 수 있다. 그렇게 해보면 주말에 일을 하지 않을 수가 없다.

지금까지 가장 일반적인 속초 탐험을 이야기했다. 사실 나는 바다에 대한 호기심이 많아, 남쪽으로는 삼척, 북쪽으로는 고성 대진항까지 안 가본 해변이 없을 정도로 10여 년간 다녔다. 그 과정에서 아는 분들도 많이 생겨 강원도에서 부동산 일거리가 많이 들어오기도 했다. 어떻게 보면, 나의 속초 탐험, 도쿄 탐험, 작가 같은 부캐들은 본캐인 부동산 일을 잘 해내기 위한 든든한 응원단이자 파생 직업들이다.

살다 보면, 불현듯 외로움이 엄습할 때가 있다. 이 책을 읽는 분들 가운데에는 사장·대표·가장으로서, 혼자서 다수를 위해 일하고 수많은 결정을 짊어져야 하는 순간들을 감내하고 있는 이들이 있을 것이다. 거기서 오는 중압감, 그리고 반드시 해결해야만 한다는 의무감은 결코 가볍지 않다.

나는 그 무게를 덜기 위해, '속초 탐험'이라는 나만의 생각 시간을 만들어 스스로 해답을 찾아왔다. 속초에 같이 가자는 말이 아니라, 각자 자신에게 맞는 고민 해결의 시간을 가져보길 권하고 싶은 것이다.

혹시 나처럼 속초에 가는 차 안에서 생각 시간을 가져보고 싶은 분이 있다면, 이번 주말에 차를 출발시켜보자! 속초나 양양의 어느 바닷가에서 '속초 탐험가'라는 이름이 새겨진 빨간 티셔츠를 입고 있는 나를 보게 된다면, 아는 척도 해주길 바란다. 실제로 그렇게 인연이 되어 친해진 분들이 꽤 있다. 나의 속초 탐험은 내 정신을 온전히 유지하기 위한 셀프 정신

건강 프로그램이라고 할 수 있다.

영업 조직의 장·사장·대표로서, 회사 경영을 위해 온갖 스트레스를 짊어진 사람에게 가장 중요한 것은 올바르고 빠른 결정을 하기 위해 정신을 바르고 깨끗하게 유지하는 것이다. 나는 그런 작업을 토요일 새벽에 하는 것이다. 시간상으로 날리는 시간이 없도록 스스로 잠을 줄이는 것이지, 속초 탐험을 위해 일부러 시간을 쓰거나 휴가를 쓰지는 않는다. 최근 4~5년 사이에 나는 휴가를 써본 적이 없다. 따로 쓸 이유도 없다.

어느 순간 휴가의 개념이 바뀌었다. 일어나면 회사에 간다.
회사에서는 일한다. 눈을 감으면 휴가, 눈을 뜨면 일이다.

업무 중 낮 시간에 피곤해져 10분 정도 차 안에서 졸거나 하는 것이 휴가다. 눈을 뜨면 일한다고 생각하면 된다. 내 고객들처럼 수백억, 수천억 재산이 있는 것도 아닌데, 대놓고 휴가를 간다는 건 내게 맞지 않는다. '휴가'와 '워라밸'이라는 단어는 사업자·사업가의 마인드가 아니다.

# 나오는 글

나는 부동산 세일즈를 하고, 세일즈를 가르치는 트레이너이며, 세일즈를 배운 사람의 영업을 관리하는 코치다. 그러면서, 나 역시 세일즈맨이다.

나는 어느 회사든지 영업하는 사람이 그 회사의 꽃이라고 생각한다. 그 꽃의 씨앗을 심고, 새싹을 틔우고, 잘 자라게 관리해 꽃을 피우게 하는 것이 세일즈 조직의 장인 사장·대표·팀장이 할 일이다. 최고로 멋지고 예쁜 꽃을 피워내기 위해서는 사장·대표가 멋지고 예뻐야 한다. 미남·미녀만이 영업 조직, 부동산 회사의 사장이 될 수 있다는 뜻이 아니라는 것은 이 책을 읽은 분이라면 알 것이다. 이 책은 사장이 사장답게 행동해야 한다는 대전제로 쓰였다.

존경하는 고 이나모리 가즈오 회장님은 사장의 도리, 왜 경영하는지, 어떻게 회사를 만들어가는지 등 다양한 말씀을 본인의 책을 통해 세상에 알려주셨다. 만난 적도 없지만, 마음 저 깊은 곳에서 제자를 자처하며 그분의 책을 수시로 읽어본다. 내 마음을 정상적으로 유지시키기 위함이다.

예를 들어, 자동차가 엔진오일을 갈고 브레이크 패드, 브레이크 라이닝, 엔진 등의 정상 작동을 위해 엔진 점화플러그를 점검하듯이, 우리는 스스로 정상 작동하도록 끝없이 노력해야 한다. 나를 통해 부동산 일을 배워 자신만의 부동산 회사를 경영하거나 고소득 에이전트(공인중개사)로서 자신의 자리를 수년, 수십 년째 지키고 있는 사람들이 많다. 당연히 이 사람들의 몇 배수는 실패했고, 어딘가에서 스스로 부동산 중개를 하고 있거나 아니면 다른 직업을 갖고 있을 것이다. 10명을 가르치면 2명 정도만 내가 만족할 만한 실적 수준으로 올라오고 상당히 많은 사람은 실패 또는 저실적을 보인다. 사실은 내가 가르친 사람이 아니더라도 본인이 공부와 영업을 하는 사람들은 스스로 터득하고 우뚝 선다.

나는 어느 순간부터 '이타심'이라는 단어를 자주 사용하고 스스로가 이타심을 가지고 살아가려고 노력하고 있다. 거창한 것은 아니고, 부동산 바닥에서 누군가 열심히 할 수 있는 사람이라면 돕고 싶다. 우리 회사가 아니더라도 상관이 없다.

누군가의 성장을 보는 것은 행복이기 때문이다.

나이가 쉰 살이 넘어서면서부터는 내 회사 직원이 아니더라도 이 업을 하는 사람에게 내가 어떤 영향을 끼쳐 그 사람이 제대로 부동산 영업을 배우고, 그 영업의 결과로 이 직업에 대한 인식을 좋게 만들 수 있다면, 나는 그것을 위해 기꺼이 노력하겠다고 생각했다. 하지만 나 혼자로는 한계가 있다.

우리나라에는 부동산 회사가 엄청 많다. 공인중개사가 100명, 그 이상인 회사들도 많다. 많은 회사의 사장·대표가 나와 같은 마음으로 일하고 직원들을 가르친다면 이 부동산 중개업계는 실력도 최고, 마인드도 최고인 공인중개사들로 가득 차게 될 것이다. 해볼 만한 시도라 생각하며 이 책을 쓴다. 최근 만난 다른 부동산 회사 사장님들 중에서는 내가 존경할 만한 마인드를 전파해주신 분들도 여럿 계신다. 이 얼마나 기쁜 일인지 모른다.

엄청난 정치가의 힘을 빌리지 않으면 세상을 바꾸는 것은 힘들 것이다. 하지만 나는 그런 거창한 이야기를 하는 것이 아니다. 당신이 부동산 회사의 사장·대표로서 당신의 회사를 정석의 방법으로 제대로 좋은 회사로 만들어나가고 그 소속원들이 고객에게 최고의 서비스를 제공할 수만 있다면 우리의 부동산 바닥 정도는 '좋은 세상'으로 만들 수도 있지 않을까 하는 동화 같은 이야기를 해보는 것이다.

부동산 일을 잘못되게 하는 사람들에게 '돈'은 얼마든지 깨끗하게도 벌 수도 있다는 것을 깨닫게 하고 싶다.

과거 여러 부동산 공인중개사사무소들과 공동중개를 하면서 큰 실망을 느낀 적이 많다. 나만 이런 경험을 한 것은 아닐 것이다. 계약을 잘하고 못하고를 떠나서 '부당한 방식으로 돈을 버는' 부동산 업체들을 많이 보아왔다.

지금은 정석으로 열심히 중개하시는 분들이 많지만, 아직도 업계의 관행이라며 마음에 안 드는 방식으로 영업하는 공인중개사들을 자주 만나게 된다. 남의 회사 공인중개사들에게 내가 이래라저래라 할 수도 없는 노릇이지만, 상대방 부동산 회사 사장이나 임원이 내 팀원 출신이거나 나에게 일을 배운 사람인 경우에는 "야! 내가 너 일을 저렇게 가르쳤어?"라고 나무라는 편이다.

물론, 어떻게 보면, 그들에게도 어쩔 수 없는 사정이 있다. 잘못 배운 채 내 후배들의 회사에 합류된 경우도 많다. 경력자를 채용하는 것은 이런 딜레마를 갖고 있다. 신입의 경우는 가르치는 시간이 오래 걸리는 단점이 있고, 경력자의 경우 '돈 좀 버는 경력'이라서 모시고(?) 왔는데 마치 폭탄 같은 역할을 하는 사람을 만나게 되기도 한다.

앞에서 내내 강조한 리크루팅의 중요성이 여기서 다시 언급되는 이유다. 그래서, 부동산 중개법인의 사장·대표·팀장인 당신이 경력자를 채용하게 될 때는 그들에게 영업 교육에 앞서 나와 같은 마인드로 일할 수 있도록 마인드 전환 교육이 필요하다. 조직을 이끌기 위해서는 돈을 잘 버는 사람도 중요하지만, 정신세계가 올바른 사람이어야 한다. 이것이 가장 중요하다.

물론 나라고 실수를 안 하고 산 것은 아니다. 하지만 어떤 분쟁이 발생하고 내가 잘못한 일이라고 판단하면 사과하거나 관련 건은 돈을 포기하는 등 될 수 있는 대로 떳떳하게 하려고 노력했다. 선의의 경쟁이라도 지게 된다면 돈을 잃게 되기에 경쟁에서 져서 수익을 내지 못한 사람이나 회사가 뒤에서 나나 우리 회사를 욕하는 모습도 28년간 엄청나게 봐왔다. 하지만 그건 상관없다. 부동산 중개 세상에 2등은 없다.

부동산 업계는 계약을 성사시킨 1등만 수익을 가져가는 업종이다. 계약을 한 회사가 뒤에서 욕을 먹는다면, 나는 평생 욕먹을 각오가 되어 있다. 보통은 계약을 놓친 회사는 아주 조용하다. 남을 탓하는 순간, 내가 바보라고 선언하는 것이기 때문이다.

아주 깨끗한 물동이에 검은 독극물 한 방울이 떨어지면 깨끗한 물이 훨씬 많기에 잠시 '독'이 들어가 퍼지는 것은 보여도 금세 깨끗한 물속으로 독이 흡수되어 보이지 않는다. 그러나 그 모습을 본 이후로 그 누구도 그물을 마시지는 못할 것이다.

마시면, 죽기 때문이다. 1% 독으로도 당장은 아니더라도 결국 그 독은 사람을 해치게 된다.

독을 품고 있는 사람을 리크루팅하지 말아야 한다. 회사 전체가 금세 독에 중독된다. 이 말은 이 글을 쓰면서 내가 나에게 하는 말이기도 하다. 사장은 이 점을 늘 경계해야 한다. 당신의 회사에서 독초가 자라게 두지 마라! 선량한 영업 사원이 죽게 된다. 리크루팅하는 경우 새로 들어온 멤버들을 잘 관리하고 관찰해야 하는 이유다. 잘 뽑는 신입을 잘 키워내면서 회사의 단기 목표를 달성하기 위해 스카우트하는 경력자의 마인드를 사장인 당신과 잘 맞춰야 한다. 그렇게 그들이 커나갈 회사의 기둥이 되고 당신의 파트너가 될 수 있게 만들어야 한다. 큰 영업 조직을 갖춰나가려면 사장 혼자만의 노력으로는 안 된다. 함께할 동지를 만들어라!

마음이 같아진 동지들은 사장의 가장 중요한 역할인 '리크팅, 리텐션, 터미네이션' 세 가지를 함께 나눈다. 사장뿐만 아니라 영업 본부장, 팀장 등 여러 명의 영업을 매니징하는 직책 보임자들도 단순히 사장에게만 리크루팅을 맡겨두지 않는다. 본인들 역시 본부원과 팀원을 늘리기 위해 직접 리크루팅에 나서게 된다.

회사는 이를 적극적으로 지원해야 한다. 회사 차원의 리텐션 일환으로 다양한 교육 프로그램도 함께 의논해서 만들고 트레이너의 역할을 흔쾌히 나눠서 해준다. 신입 멤버 중에 본인들의 팀원들도 섞여 있으니 아주 적극적인 모션을 취하게 된다. 터미네이션 또한 마찬가지다. 팀원들이 낙오하지 않도록 평소에 신경 쓰고 관리하기 때문에 회사를 떠나는 인원이 현격히 줄어든다. 하지만 정말 맞지 않는 사람이라면 본부장과 팀장이 우선적으로 정리해주므로, 회사는 항상 좋은 인재들로만 유지할 수 있는 기틀이 마련된다.

본부장과 팀장들은 직접 자금을 들여 창업하지 않아도, 규모가 커진 회사에서 소사장처럼 수익을 배분받을 수 있다. 회사는 창업 초기부터 함께한 멤버들에 대한 고마움을 잊지 말고, 그들이 더 많은 수익을 가져갈 수 있는 구조를 반드시 마련해야 한다. 모든 멤버가 프로페셔널로서 자신의 영업 외에 투자한 시간에 대해, 회사 역시 그에 걸맞은 보상을 항상 고민해야 한다.

나는 이전 책에서도 '영업은 고객이 나를 찾는 것만 기다려서는 안 되고 내가 고객을 적극적으로 찾아 나서야 한다'라는 아웃바운드를 강조해왔다. 사장의 역할도 마찬가지다. 일반 공인중개사들은 영업에만 집중해도 되지만, 사장·대표는 영업만 해서는 안 된다. 오히려 조직이 커지면 영업할 시간이 없다.

부동산 회사 사장의 영업은 빌딩을 사고파는 것이 아니다. 조직을 운전하는 것이다. 좋은 인재를 발굴해 스카우트하고, 기존 공인중개사들이 사내 공동중개 협업을 통해서 더 많은 수익을 낼 수 있도록 해줘야 한다. 일을 진행하는 공인중개사들이 계약을 진행하는 과정에서 벽을 만나거나 어려움이 생길 때, 쉽게 상담할 수 있도록 마음의 문턱도 낮춰놓고 적극적으로 해결해주고자 노력하는 마인드를 가져야 한다.

나는 바쁜 영업 사원의 답사를 돕기 위해서라면 사장이 직접 답사 차량 운전을 해줄 수도 있다고 생각한다. 나 역시 그런 서비스 마인드로 소속 공인중개사들을 대한다. 영업 조직, 부동산 회사의 사장인 당신이 직원들과 소통이 원활하지 않은데, 고객과의 관계가 좋을 리 없다.

불과 10명 남짓한 소규모 부동산 회사에서 대기업 회장처럼 오만하게 행동하는 사장들을 예전에는 종종 봤다. 그러나 요즘은 보기 어렵다. 그렇게 하던 회사들은 이미 다 망했기 때문이다.

조직을 이끄는 사람은 구성원을 세심하고 조심스러운 마음으로 대해야 한다. 영업 조직의 리더라면, 영업적 마인드, 올바른 경영 철학, 고객 서비스 등에 대한 고집을 직원들에게 강조하고, 맞지 않는 사람에게 강하게 브레이크를 거는 것도 필요하다. 하지만 단지 자기 성격에 안 맞는다고 구성원을 압박하는 것은 요즘 세상에 맞지 않는 마인드다.

사장은 직원에 대해 목표를 향해
함께 영업의 여정을 떠나는 동반자라고 생각해야 한다.

비록 사장인 당신이 운전대를 잡고 있지만, 아무리 잘난 레이서라고 하더라도 바퀴 4개가 온전히 붙어 있지 않은데 액셀러레이터를 밟을 수는 없다. 그러다 사고 난다. 경주용 자동차들의 경주를 유튜브 영상 같은 곳에서 찾아보라! 레이서를 포함해서 메카닉(정비사) 모두가 한 팀이고, 이들을 일사불란하게 만드는 것이 레이싱 팀 감독인 당신이 할 일이다.

유망한 레이서들은 메카닉, 감독에 대한 고마움을 잘 안다. 비록 레이싱에서 우승한 후, 샴페인을 우승대에서 본인이 터트린다고 해도 '팀워크'를 안다는 말이다. 가끔 작은 조직에서는 레이서가 감독 역할을 하기도 하는데, 차에 대해서 잘 모르고 운전도 제대로 못 하면서 무조건 달리려고만 들다가 차를 부숴 먹는 경우를 많이 봤다. '차(영업 조직)'에 대한 깊은 연구 없이 무조건 고속 질주만 해서는 안 된다. 부동산 영업 조직에서 사장인 당신이 제일 먼저 해야 할 일은 조직을 운영할 경영 철학을 세우는 것이다. 그리고 그 철학을 함께 지켜나가며, 동행할 사람들을 모으는 일이다. 당신의 회사가 빠른 안착과 성장을 하는 데 나의 글이 도움이 되었기를 바란다.

초보 중개법인은 어떻게 동네 1등 부동산 회사로 성장하나?

# 천하무적 1등 부동산

**제1판 1쇄** 2025년 10월 7일

지은이    노창희
펴낸이    한성주
펴낸곳    ㈜두드림미디어
책임편집    최윤경
디자인    얼앤똘비악(earl_tolbiac@naver.com)

**㈜두드림미디어**
등록    2015년 3월 25일(제2022-000009호)
주소    서울시 강서구 공항대로 219, 620호, 621호
전화    02)333-3577
팩스    02)6455-3477
이메일    dodreamedia@naver.com(원고 투고 및 출판 관련 문의)
카페    https://cafe.naver.com/dodreamedia

**ISBN**    979-11-94223-58-0 (03320)